Über dieses Buch Der um die Jahrhundertwende berüchtigte Hochstapler Georges Manolescu hielt Polizei, Staatsanwälte und Richter ganz Europas in Atem. Seine aufregenden Coups, seine Methoden, Erfolge und Mißerfolge von 1888 bis 1903 beschreibt Georges Manolescu in seinen 1905 verfaßten Memoiren mit der liebenswerten Unverfrorenheit eines »ehrbaren Verbrechers«.
»Seine Gaunereien haben einst Europa in Schrecken und zugleich mittels der Memoiren, in denen er alles einbekannte, in Entzücken versetzt. Der Rumäne Manolescu hat in Paris die Kunst erlernt, die Welt zu prellen, und hat sie später, als ihm dort der Boden zu heiß wurde, in ganz Europa, ja sogar in Übersee praktiziert. Er trat als reicher Aristokrat auf, war ein Freund der schönen Frauen, verbrachte aber auch Jahre hinter Gittern.
Nachahmen könnte man seine Tricks in einer vorsichtiger gewordenen Welt kaum mehr. Aber diese sehr amüsant vorgetragenen Erinnerungen eines Hochstaplers von Rang geben noch heute ein abwechslungsreiches Bild der Belle Epoque, in der das Geld noch lokker saß und anscheinend nur darauf wartete, daß ein einfallsreicher Gauner sich seiner bediente.«
(Otto F. Beer in ›Der Tagesspiegel‹)

Der Autor Georges Manolescu wurde am 20. Mai 1871 in Ploiesti in Rumänien geboren. Sein Vater war Hauptmann der Kavallerie, die Mutter, eine berühmte Schönheit, verstarb früh. Georges Manolescu besuchte die Seekadettenschule, desertierte jedoch bereits nach kurzer Zeit und versuchte mehrere Male über Konstantinopel und Athen nach Paris zu gelangen.
Seine Memoiren, die im Jahre 1888 beginnen, wurden erstmals 1905 unter dem Titel ›Gescheitert‹ in Berlin publiziert. Nach längerer Krankheit starb Georges Manolescu im Jahre 1911.

Georges Manolescu

Der Mann mit dem blauen Gehrock

Memoiren eines Hochstaplers

Fischer Taschenbuch Verlag

Ungekürzte Ausgabe
Veröffentlicht im Fischer Taschenbuch Verlag GmbH,
Frankfurt am Main, September 1987
Lizenzausgabe mit freundlicher Genehmigung
des Verlags Klaus G. Renner, München

Umschlaggestaltung unter Verwendung einer Zeichnung
von Heinz Edelmann: Rambow, Lienemeyer, van de Sand
Satz: Passavia Druckerei GmbH, Passau
Druck und Bindung: Clausen & Bosse, Leck
Printed in Germany
880-ISBN-3-596-28226-X

I

Ich langte im Monat Juni 1888, siebzehn Jahre alt, in Paris an, mehr um überhaupt in dieser fröhlichen Stadt zu leben, nach der sich jeder Rumäne von Kindheit an sehnt, als mit der ernstlichen Absicht, dort Jura zu studieren. Um jedoch in Paris zu »leben«, dazu gehört genau das, was mir am meisten fehlte, das flimmernde, lockende Gold... Dreiviertel meiner Zeit blickte ich einsam und allein vom Fenster meines bescheidenen Zimmers in der Rue des Carmes auf dieses Paris hinaus, von dem ich seit meiner zartesten Kindheit so viele Zaubermärchen hatte erzählen hören; oder ich saß auf der Terrasse des Café Soufflet und der Écoles Réunies und sah vor meinen neidischen Augen jene reichen, lebenslustigen Kommilitonen vorbeischlendern, die sich ebensoviel um die Universität als um den heiligen Antonius kümmerten und, die Brieftasche mit den Scheinen ihrer wackeren Väter vollgestopft, geringschätzig uns arme Teufel von Studenten mit den Augen maßen. Ich hatte zu jener Zeit einen vornehmen französischen Grafen kennen gelernt, dem wir vom ersten Augenblick seines Auftauchens unter uns einstimmig den Ehrenpreis der Stupidität zuerkannt hatten; er war einundzwanzig Jahre alt und nannte sich Fernand de B... Nachdem er kurze Zeit wie ein Komet in den vornehmen Cliquen des Quartier Latin geglänzt hatte und gerade schmerzerfüllt die letzten Pfennige betrachtete, die ihm seine nachsichtige Mutter hatte schicken können, gelang es ihm in zwölfter Stunde noch, die älteste Tochter des Marquis de R... zu kapern. Sie war eine prachtvolle achtzehnjährige Blondine mit einer Mitgift von 240 000 Francs jährlicher Rente und Aussicht auf weitere zehn Millionen bar, sobald ihr liederlicher Vater, ein berüchtigter Viveur, sich zu Tode amüsiert hatte. Dieses eklatante Beispiel dafür, wie willkürlich das Schicksal seine Gaben unter die Menschen austeilt, erschütterte mich geradezu und pflanzte den ersten Keim der Auflehnung gegen die Ungerechtigkeiten dieser Welt in mein Herz.

Von dem Tage an, wo ich den Grafen Fernand de B..., diese patente Null, vor dem Altar der Kirche St.-Germain-des-Prés der entzückenden kleinen Emma de R... und zugleich ihren noch entzückenderen Millionen den Schwur ewiger Hingebung und Treue leisten sah, folterte mich der Stachel des Ehrgeizes und noch mehr die unreifen Wünsche und unsäglichen Illusionen, die immer mehr Gewalt über mich bekamen.

Tag und Nacht flüsterten sie mir zu: »Warum soll ich, jung, intelligent, aus gutem Hause und von sympathischem Äußeren, jetzt und für alle Zukunft mich mit den elenden Brocken des Lebens begnügen, während ein so vollendeter Hanswurst wie dieser de B..., nur weil er als Graf herumläuft, im Handumdrehn mit keckem Griff das Glück erjagt, mit dem rieselnden Golde seines blonden Liebchens sich alle irdischen Freuden erkauft und die Menschen sich ehrerbietig vor ihm neigen sieht?«

»Mein armer Georges,« sagte ich dann wieder zu mir selbst, »vergiß nicht, daß du eben nicht adlig bist. Und da du auch nicht reich bist, mußt du dich einfach mit dem begnügen, was dein ist, und geduldig auf die Freuden dieser Erde verzichten, bis zu dir selbst eine soziale Stellung und Reichtum errungen hast.«

Alle diese Vernunftgründe, die ich wie eine kalte Dusche gegen meinen glühenden Ehrgeiz anwandte, beruhigten mich leider nur allzu kurze Zeit. Der tägliche Anblick des Luxus, der Feste und Ausschweifungen, denen viele meiner reichen Kommilitonen sich vor meinen Augen hingaben, peitschte immer von neuem meine Sehnsucht nach ähnlichen Genüssen in mir auf.

Ich wollte also um jeden Preis reich sein, und zwar so rasch wie irgend möglich. Um dieses Ziel in kürzester Frist zu erreichen, sah ich keinen anderen Weg vor mir, als eine ebenso glänzende Heirat, wie sie diesem banausischen Grafen de B... gelungen war.

Tag für Tag entwarf ich rastlos in meinem Geiste Pläne, wie ich dieses Ziel am sichersten erreichen könnte; ja, ich baute schon tausend Luftschlösser und verfügte mit freigiebiger Hand über das Vermögen meiner künftigen steinreichen Gattin und ihre kolossalen Revenuen, die noch im Schoße der Götter lagen. Abgesehen von dem Nötigsten, was der Mensch braucht, wie Pferde, Wagen, Güter, Villen und Landsitze, die ich mir mit meinem oder vielmehr ihrem unerschöpflichen Gelde natürlich leisten würde, plante ich auch in meinem Ehrgeiz, mir unvergänglichen Ruhm in meinem Vaterlande zu erwerben. Ich sah mich bereits philanthropische Schöpfungen aller Art aus dem Boden stampfen; ich wollte Volksküchen, Asyle für darbende Witwen und Waisen der Arbeiter einrichten und viele andere ähnliche Stiftungen begründen, die Rumänien damals und auch heute noch nicht kennt, obwohl es dort unten Nabobs mit ungezählten Millionen gibt. Die sitzen aber behaglich auf ihren Geldsäcken und scheren sich den Teufel um die Kanaillen, die am Wege hungern. So sah ich mich in meinen Träumen bereits als

Grandseigneur an der Seite eines berückend schönen Weibes, und im Hintergrunde eine schimmernde Statue: »Seinem Georges Manolescu das dankbare Vaterland«.

II

In diesem Zustande des Hoffens, Grübelns und Verzweifelns, in dem ich mich schon seit Monaten befand, legte ich mir immer wieder besonders die eine Frage vor, wie ich zu dieser Welt des Reichtums Zutritt erlangen konnte, in der ich die reiche Frau zu suchen hatte. Ich sagte mir: Wer einen solchen Zweck verfolgt, muß natürlich in diesen Kreisen zu Hause sein und demgemäß entsprechende Einkünfte haben. Wenn man aber nun einmal diese Mittel nicht besitzt, — was in aller Welt muß man dann tun?

Ich dachte mit Rücksicht auf die bescheidenen Verhältnisse meiner Familie nicht einen einzigen Augenblick daran, Schulden zu machen; ich wußte, daß sich nicht einmal ein biederer Schuster finden würde, der mir ein Paar Stiefel kreditierte, wieviel weniger ein gewitzter Geldmann, der mir das nötige Bargeld vorschoß.

Einen Augenblick ging mir der Gedanke durch den Kopf, daß ich vielleicht doch einen solchen Geldmann quasi als Kommanditist finden könnte, wenn ich ihm meinen Plan, durch eine reiche Heirat mein Glück zu machen, geschickt auseinandersetzte. Ich wollte ihm eine Beteiligung an diesem Geschäft vorschlagen, derart, daß ich alle meine inneren und äußeren Vorzüge, er das Kapital für die nötigen Unkosten in die Sozietät einbrachte, das ich ihm am Tage meiner Hochzeit doppelt und dreifach zurückzahlen würde. Ich nahm jedoch ebenso rasch davon Abstand, einen solchen Schritt zu versuchen; denn selbst wenn es mir gelungen wäre, von allen

Kapitalisten der Welt das größte Kamel zu erwischen, so würde er mir bei einem solchen Vorschlage doch sicher ins Gesicht gelacht haben.

Aber was dann tun? Was tun? — Das fragte ich mich verzweifelt zu jeder Stunde des Tages und selbst des Nachts in meinen Träumen, ohne eine Lösung zu finden. Was beginnen? Die unmöglichsten Pläne kreuzten sich in meinem Hirn, aber regelmäßig verwarf ich sie wieder, weil hinter ihnen Ehrlosigkeit und Verbrechen standen.

Während der drei Jahre, die ich mich in Griechenland und in der Türkei herumtrieb, hatte ich wohl einige Schülerstreiche begangen, wie sie auch andere sich zuschulden kommen lassen, ohne darum gleich unterzugehen. Jetzt aber lag ich manche Nacht schlaflos, halbentkleidet auf meinem Lager, den Kopf auf die Hand gestützt, und sah, in finsteres Sinnen verloren, der dunklen Zukunft ins Auge; denn ich wußte nur zu gut, daß nunmehr die Würfel meines ganzen Lebens fallen mußten.

Blicke ich heute auf diese Zeit zurück, so weiß ich, daß mein Streben nichtig und mein Handeln falsch war; aber ich kann mir doch zu meinen Gunsten nicht verhehlen, daß ich zugleich das Opfer einer Strömung geworden bin, die in den letzten Jahrzehnten immer mehr die Herzen der Jugend vergiftet, — der Hoffnung, durch eine reiche Heirat dem unerbittlichen Kampf mit dem Leben auszuweichen und mühelos die Früchte zu pflücken, die nur der ehrlichen Arbeit gebühren.

Mit solchen und anderen weniger stichhaltigen Gründen und Erwägungen begann ich auch, damals mich vor mir selbst zu entschuldigen und mir vorweg alle die Unredlichkeiten zu verzeihen, die ich noch nicht begangen hatte, aber die ich in Zukunft möglicherweise begehen würde. Ich sagte mir, daß ich im schlimmsten Falle, wenn ich erst einmal durch eine Millionenheirat reich geworden wäre, ja die entschädigen könnte, über deren Schultern — oder vielmehr Börsen — hinweg ich zu meinem Ziel emporgestiegen war.

Im tiefsten Herzen war ich mir jedoch völlig darüber klar, daß ich im Begriff stand, mich der Ehrlosigkeit und dem Verbrechen in die Arme zu werfen; aber von Tag zu Tag wurde mein Gewissen elastischer und nachgiebiger und das Gewicht in der Waage meines Lebens, das die künftigen Freuden und Vergnügungen in sich schloß, schwerer als das der Unbescholtenheit und des reinen Gewissens.

Bevor ich mich endgültig entschloß, meine Schiffe hinter mir zu verbrennen, schnürte sich mir das Herz zusammen, so oft ich an den fleckenlosen Namen Manolescu dachte, den meine Familie durch Generationen in Armut, aber in Ehren getragen hatte.

Wie seltsam! Ich, der ich schon zu jener Zeit eine rücksichtslose Willenskraft besaß und mich nicht besinnen konnte, jemals in meinem Leben geweint zu haben, der ich damals, im September 1887 zu Athen, als ich mir eine Revolverkugel in die Brust jagte und lange zwischen Tod und Leben schwebte, nicht eine Träne vergossen hatte, — ich weinte jetzt bittere, heiße Zähren bei dem Gedanken, daß meine künftigen Verfehlungen den Namen meiner Familie entehren und beschmutzen und Schande auf meine ehrenhaften Verwandten bringen würden. Dagegen dachte ich keinen Augenblick oder wenigstens so gut wie gar nicht an die moralischen und physischen Qualen, die meiner auf der Laufbahn harrten, zu der ich mich schon halb entschlossen hatte. So stand ich dicht davor, Leib und Seele meinem unerschütterlichen Streben nach einer reichen Heirat zu opfern; und als gegen Ende des Jahres 1888 im Studentenviertel zwei ähnliche Heiraten wie die des Grafen Fernand de B... in meiner Gegenwart geschlossen wurden, erstickte der letzte Rest von Gewissen in mir, der noch in meiner Brust lebte...

III

Die Würfel waren gefallen. Es stand bei mir fest. Ich wollte zum Diebe werden, um mir das Geld zu verschaffen, das mir für meine Zwecke fehlte. Es blieb mir nur noch übrig, die Art des Diebstahls zu wählen. Ich suchte nach der, die am wenigsten verächtlich war und gleichzeitig doch etwas einbrachte. Ich hatte bemerkt, daß viele Leute, die irgend einen Gegenstand in den großen Pariser Warenhäusern wie dem Louvre, Bon Marché und Printemps gekauft hatten und ihn am nächsten Tage nicht passend fanden, diesen Artikel einfach zum Warenhaus zurückbrachten. War er noch tadellos erhalten und besonders das Etikett mit dem Preise noch an ihm befestigt, so hatte der Käufer das Recht, den Betrag für seinen Kaufgegenstand bei dem betreffenden Rayonchef zurückzufordern.

»Heureka!« rief ich sofort aus. »Das ist der Weg, um meinen bescheidenen Wechsel von monatlich dreihundert Francs ganz erheblich aufzubessern!« Anstatt irgend einen Gegenstand, wie etwa einen silbernen Serviettenring zum Preise von 12,50 Francs, ein Messer für 9,75 Francs oder eine goldene Kette für 45 Francs umständlich zu kaufen, wollte ich mir ganz einfach den Gang zur Kasse sparen und mir meinen Bedarf ohne Hilfe des betreffenden Verkäufers »selbst verkaufen«. Dann wollte ich von dem Recht Gebrauch machen, das die großen Pariser Warenhäuser dem Publikum einräumen, am nächsten Tag mit dem Artikel zum Rayonchef gehen und mir den auf dem Gegenstand verzeichneten Preis bar zurückzahlen lassen.

Es war am 4. November 1888, als ich meine Streifzüge durch die Warenhäuser in den Grands Magasins du Louvre begann und damit zugleich meine gefährliche, wenn auch ertragreiche Laufbahn betrat, auf der ich *innerhalb fünfzehn Jahren* — 1888 bis 1903*) — *mehr als zweihundert Diebstähle* zu verzeichnen hatte, deren Gesamtwert sich auf *mehr als sieben Millionen Francs* belief, und die mir selbst in bar rund zweieinhalb Millionen Francs einbrachten.

Dieser 4. November 1888 steht mir für immer unauslöschlich vor Augen. Es war ein regnerischer Nachmittag; eine Unmenge Damen aus dem Mittelstand, denen man auf tausend Schritt die Provinz ansah, füllten den Louvre, um ihre Einkäufe für daheim zu besorgen. Während sie umständlich allerhand schöne Dinge nach ihrem Geschmack aussuchten, wählte ich ebenfalls ganz nach meinem Geschmack. Ich war hierbei hinsichtlich der künstlerischen Arbeit nicht allzu anspruchsvoll, sondern sah mehr auf Gewicht und Metallwert des Gegenstandes sowie auf eine Auszeichnung, die so hoch wie möglich sein mußte.

Jung und schlank wie ich war, blieb ich unter dem Hin- und Hergewoge von gebauschten Röcken und Umhängen der ebenso holden als gewichtigen Frauen so unsichtbar wie ein zierliches Häschen im üppigen Kohlfeld. Es war gerade Ausverkaufstag im Louvre. Ich näherte mich allmählich einem der Glaskästen mit Silberzeug, an welchem ein Verkäufer zwei Riesendamen bediente. Um zu sehen, ob der Verkäufer auf mich achtete, nahm ich

*) Unter Abrechnung der Strafen in dieser Zeit *in nicht einmal sieben Jahren.*

zunächst einen großen silbernen Suppenlöffel in die Hand. Da der Commis mich beschäftigt sah, einen so umfangreichen Gegenstand zwecks Ankaufs zu betrachten, kam er wohl überhaupt nicht auf den Gedanken, daß ich ein angehender Langfinger sein könnte und kümmerte sich infolgedessen nicht allzusehr um mich. Das war es, was ich gewollt hatte. Während nun der Verkäufer den beiden Frauen mit ungeheurem Eifer den künstlerischen Wert gewisser Gravierungen auf einer Salatschüssel auseinandersetzte, erhaschte ich den günstigen Moment, bemächtigte mich eines silbernen Serviettenringes, dessen Preis mit 12,50 Francs ausgezeichnet war, und ließ ihn geschickt in die Hintertasche meines Rockes gleiten.

Der erste Schritt war getan. Ich verließ nunmehr sehr rasch den Silberwaren-Rayon und das Warenhaus, im tiefsten Herzen selbst darüber betroffen, wie schnell und mit wie geringen Schwierigkeiten ich in wenigen Minuten aus einem ehrenhaften Menschen zum Dieb geworden war.

Ich begab mich sofort nach Hause. Kaum zwischen den vier Wänden meines Zimmers in Sicherheit, zog ich den Serviettenring aus der Tasche und betrachtete ernst die Beute meines ersten Vergehens. Lange saß ich wie hypnotisiert vor dem Ring, und immer wieder fragte ich mich: Soll ich diesen Beweis meiner Ehrlosigkeit und Schande zerbrechen, — den kleinen zierlichen Ring, der mich zum Verbrecher gemacht hat, mit Ekel in die Gosse schleudern? Oder soll ich ihn behalten und am nächsten Tage zum Magasin du Louvre gehen, um mit eiserner Stirn den ausgezeichneten Preis von 12,50 Francs als angeblich bezahlt zurückfordern? — Aber die Zeit des Schwankens mußte weichen. Ich hatte die Suppe eingebrockt, ich mußte sie auslöffeln, — mußte vorwärts gehen, ohne nach rechts und links zu sehn, um den Millionenschatz zu finden, den wahren, einzigen Zauberstab zu erringen, der mir alle Genüsse dieser Erde erschließen konnte. So schlief ich denn am Abend dieses 4. Novembers 1888, wenn auch nicht den Schlaf der Gerechten, so doch immerhin ruhig in der Überzeugung, daß diese wenigen Francs den steinreichen Besitzern des Louvre wenig ausmachen würden. Aber wenn ich auch tief und fest schlief, so schlug mir doch am nächsten Morgen um so mehr das Gewissen, und ich war nicht weit davon entfernt meine Pläne wieder aufzugeben. Doch mein Entschluß und mein Wille behielten die Oberhand. Als ich um neun Uhr morgens angekleidet in der Tür stand, im Begriff, den Lohn meines Diebstahles zu holen, sagte ich mir: »Vorwärts!«, und noch bevor ich mein Frühstück genossen oder irgend etwas anderes unternommen hatte, ging ich direkt zum Louvre, begab mich keck und ohne sichtbare Verwirrung zu dem Chef des Silberrayons und berichtete ihm, ich hätte am vorigen Tage diesen Serviettenring für meine gelähmte Tante gekauft; aber obwohl sie mir den Auftrag gegeben hätte, gerade einen solchen Ring zu kaufen, gefiele ihr dieser doch durchaus nicht; sie schickte mich daher mit der Bitte um Rückgabe der 12,50 Francs, die ich den Tag vorher gezahlt hätte.

Während ich dem Rayonchef diese Rede hielt, blickte ich ihm fest und treuherzig ins Gesicht, und meine Augen spiegelten die Ehrenhaftigkeit des Jünglings wieder, der ich damals dem Alter nach auch noch war. Wenn ich wirklich eine kleine Erregung bei diesem ersten Schritte auf dem Wege des Verbrechens gezeigt habe, so wurde diese sicher auf Rechnung der Befangenheit des harmlosen jungen Mannes gesetzt, der von seiner Tante gescholten worden war und nun, um nicht noch mehr Ärger zu haben, betteln mußte, daß man ihm das Geld wiedergab.

Endlich stellte mir der wackere Chef, offenbar durch den kindlichen Ausdruck meines unschuldigen Gesichts bewogen, den Bon aus, der mich zur Abhebung des Geldes berechtigte. Ich begab mich in Begleitung eines vom Empfangschef herbeigerufenen Commis zu der Kasse, die ich noch nie in meinem Leben gesehen hatte, und erhielt prompt die 12,50 Francs zurück.

Ich nahm dieses Geld an der Kasse mit einer gut gespielten Nervosität entgegen. Sie schien mir notwendig und leicht begreiflich bei dem armen jungen Mann, der sich von den Vorwürfen seiner cholerischen Tante befreit sieht und das ersehnte Geld wieder in Händen hält.

Merkwürdig! Anstatt mir nun mit diesem Gelde sofort einen vergnügten Tag zu machen, legte ich es still und ernsthaft beiseite. Wohl war es keine große Summe, aber immerhin doch ein Anfang und brachte mich meinem Ziele, der stolzen, rauschenden Welt dort draußen wenigstens um Haaresbreite näher.

Aber ich sah es nur zu rasch ein, — ich hätte alt wie Methusalem werden müssen, um die beträchtlichen Summen zusammenzustehlen, die ich für mein Debüt in der Welt brauchte, wenn ich immer nur Beträge von 12,50 Francs aufeinanderhäufte. Allerdings war ich in dem von mir gewählten Berufe wirklich fleißig. An demselben 5. November 1888, an dem ich mir das Geld für den Serviettenring, den ich im Louvre »gekauft« hatte, wiedergeben ließ, ging ich in meinem eigenen Stadtviertel in das große Warenhaus des Bon Marché, um dort meinen Antrittsbesuch zu machen. Wie im Louvre suchte ich eine der Abteilungen auf, wo sich wenig umfangreiche Gegenstände von größerem Wert befanden, und als ich einen reich ausgestatteten Rayon mit in Elfenbein geschnitzten chinesischen und japanischen Nippes erblickte, entschloß ich mich für diesen. Während der Verkäufer vollauf durch die Kunden in Anspruch genommen war, ließ ich zwei kleine japanische sich fächelnde Püppchen in meine Tasche gleiten.

Ich verließ das Warenhaus, ohne mich allzusehr zu beeilen und begab mich in ein benachbartes Café, um meine Püppchen genauer zu betrachten. Es waren wundervolle Elfenbeinnippes zum Preise von 48 und 65 Francs.

Ohne mich weiter aufzuhalten, rufe ich den Kellner, zahle meine Zeche, verlasse das Café und kehre zum Bon Marché zurück, um mir das Geld geben zu lassen, auf das ich »Anspruch hatte«. Wieder wandte ich mich an den betreffenden Rayonchef, erzählte ihm, daß ich den Nippes gekauft hätte, um sie einer jungen Dame zu schenken, bei näherem Nachdenken sie jedoch nicht für zweckentsprechend hielte.

Der Rayonchef, der gerade nicht die Zeit hatte, um die Sache genügend aufzuklären, rief ohne weiteres einen Gehilfen und beauftragte ihn, mir den Rückzahlungsbon auszustellen. Das Geld wurde von mir einkassiert, und ich verließ mit den so leicht verdienten schönen Zwanzigfrancstücken ruhig und gesittet das Haus.

Ich eilte in meine Wohnung und legte dort die 113 Francs zu den 12,50 Francs, die man mir am selben Tage im Louvre »zurückerstattet« hatte. 125,50 Francs in weniger als vierundzwanzig Stunden! Das Debüt war nicht schlecht...

Nachdem ich drei- bis viermal in die verschiedenen Rayons des Louvre zurückgekehrt war, und ebenso oft in den Bon Marché, beehrte ich in gleicher Weise das Magasin du Printemps und andere mit meinen »Einkäufen«.

Aber nach fünf bis sechs Wochen gab ich diese erste Spezialität meines Spitzbubenberufes auf, um mich einer weniger umständlichen und einträglicheren Branche zuzuwenden.

IV

Lange Stunden saß ich in meiner Stube in einem Sessel, träumte, grübelte und entwarf meine Pläne für den künftigen Feldzug, den ich der Gesellschaft liefern wollte. Mein Verstand sagte mir, daß in der heutigen Welt, wo in Politik, Handel, Industrie und Wissenschaften Intelligenz, Mut und Entschlossenheit so oft zum Ziele führten, diese Eigenschaften ebensosehr auf dem Gebiet des Verbrechens von Wert sein und zum Erfolg verhelfen müßten. Ich sagte mir ferner, daß in dieser Welt Mann gegen Mann steht, — daß ebenso, wie der Politiker durch einen anderen intelligenten, verschlagenen, skrupellosen Politiker gestürzt wird, — wie der Kaufmann durch einen anderen überholt wird, der auch nur Kaufmann ist, aber unternehmender und schneidiger, — daß ebenso der gerissene, entschlossene und helle Spitzbube, dem nichts mehr heilig ist, noch viel leichter und sicherer auf seinem Gebiete sie alle, den Kaufmann, Politiker oder sonst wen, übers Ohr hauen könnte. Ich sagte mir endlich, daß es für einen solchen Schelm völlig überflüssig und erzdumm wäre, wollte er sich falscher Schlüssel, des Messers, Hammers oder Revolvers bedienen; denn in der Verbrecherlaufbahn, wie überall, müßten die geistigen Fähigkeiten es weiterbringen als die rohe Gewalt. Und wenn ich mich in der Welt umsah, mußte ich ebenfalls erkennen, wie sehr die Schicksale anderer Verbrecher mir recht gaben; ich fand keinen einzigen, der durch Gewalt oder Mord zu seinem Ziele gelangt wäre, während es diesseits und jenseits des Ozeans eine recht ansehnliche Zahl von

Leuten gab, die durch Schwindeleien und Betrügereien aller Art mit Hilfe ihres elastischen Gewissens und ihrer geschickt angewendeten Begabung sich ein hübsches Sümmchen beiseite gelegt und vortrefflich für ihr ehrwürdiges Alter gesorgt hatten.

Von vornherein war mir klar, daß, wenn man etwas unternimmt, man sich entweder die denkbar größte Geschicklichkeit für seine Aufgabe aneignen oder besser gar nicht anfangen müsse. Ich sagte mir weiter, daß ich in meinem gefährlichen Beruf vor allem die höchste Schlauheit, Selbstbeherrschung und unbeugsame Willenskraft, eine völlige Unbeweglichkeit und eiserne Ruhe des Gesichts, dieses Spiegels der menschlichen Seele und der Gefühle, besitzen mußte, wollte ich auf Erfolg rechnen. Ein Verbrecher muß beständig eine Rolle spielen, eine Maske tragen, die sich absolut von seiner Person unterscheidet; er muß Eigenschaften heucheln und Eindrücke erwecken, die ganz im Gegensatz zu seinem wahren Wesen stehen. Ehe ich also den Kampf mit der Gesellschaft aufnahm, mußte ich diese Kunst bis zur Vollendung beherrschen, und die Lehrzeit, die ich mir zu diesem Zwecke bei Beginn meiner Hochstaplerkarriere selbst auferlegte, hat mir im weiteren Verlauf meines Lebens in zahlreichen verzweifelten Abenteuern unglaublich genutzt und mich oft vor Verhaftung und schwerer gerichtlicher Strafe gerettet. Wie häufig hat nur die Sicherheit meines Auftretens und die völlige Unbeweglichkeit meines Antlitzes die Polizei von meiner Spur abgelenkt, während jede Verwirrung, jeder Fluchtversuch mich meinem Schicksal überliefert hätte! Aber niemals hat mir diese Beherrschung meines Gesichtsausdruckes und meiner inneren Empfindungen mehr genutzt, als vierzehn

Jahre später — 1901 bis 1902 —, als ich mich in der schwierigsten Lage in Berlin befand, wo mich eine Strafe von sieben bis zehn Jahren Gefängnis erwartete, und ich den festen Entschluß faßte, durch lange Monate in jeder Bewegung, jedem Zucken meines Gesichtes die Maske des Irrsinns festzuhalten,— als ich dann 1903 im täglichen Verkehr mit den Ärzten und dem Personal des Festen Hauses zu Herzberge die Rolle des ruhigen, resignierten Mannes durchführte, — bis ich endlich im richtigen Moment mir selbst die Freiheit wiedergeben konnte, die mir für den ganzen Rest meines Lebens abgesprochen war.

Ich wohnte Rue des Carmes in einem bescheidenen, aber geräumigen Zimmer, das unter anderem zwei Sessel und einen großen, günstig plazierten Spiegelschrank besaß. Dieser Spiegelschrank war es, dem ich ganz wesentlich den Erfolg meiner späteren Unternehmungen verdanke. Ehe ich mich entschloß zum Dieb und Abenteurer zu werden, hatte ich mich um diesen Spiegel nur gerade so weit gekümmert, als er mir für meine Toilette nötig war; aber seitdem ich mich für mein neues Leben entschieden hatte, schloß ich ihn leidenschaftlich in mein Herz. Sollte er mir doch zu der Erkenntnis verhelfen, welchen natürlichen Ausdruck mein Gesicht in dieser und jener Lage trug und wie ich ihn im gegebenen Augenblick entsprechend zu ändern und einen anderen an seine Stelle zu setzen hatte! Zu diesem Zwecke rückte ich, bevor ich zum Louvre, Bon Marché oder Printemps ging, einen Sessel vor den Spiegelschrank und stellte mir mit Hilfe meiner Phantasie vor, wie beispielsweise der Ausdruck meines Gesichtes sein müßte, wenn ich ein Warenhaus betrat, um irgend einen Gegenstand zu entwenden. Ich gab meinen Zügen nun den geeigneten Ausdruck, verbesserte ihn beständig nach bestem Ermessen, gab ihn wieder auf und wiederholte den gedachten Diebstahl hundertmal, bis jeder Zug der Maske, die ich für diesen bestimmten Zweck brauchte, sich untrüglich in mein Gehirn eingeprägt hatte. Dann ging ich sofort zu einer anderen über; z. B. wie ich aussehen müßte, wenn ich mir vom Rayonchef das Geld für den Gegenstand zurückgeben ließ, den ich ihm tags vorher oder am selben Tage gestohlen hatte, wie ich mich möglichst natürlich und unauffällig entfernen mußte, nachdem ich das Geld erhoben hätte, — und so unzählige Rollen, Bestellungen und charakteristische Gesichtszüge in den verschiedensten Lagen. Ich verbrachte mit diesen »Studien« lange Nachmittage und ging nur sehr selten aus, und während meine Kommilitonen glaubten, daß ich strebsam, fleißig und sparsam geworden war, wandte ich all meine Zeit daran, zum Dieb zu werden.

V

Aber vom Lehrling zum Gesellen und Meister ist ein weiter Weg, und von den Versuchsstudien vor dem Spiegel meiner Stube bis zur vollendeten Darstellung meiner Rolle in der Öffentlichkeit galt es noch manche harte Nuß zu knacken. Obwohl ein unerschütterlicher Wille mich vorwärtstrieb, wurde es mir doch nicht leicht, bei meinem Alter, in dem man an und für sich wenig Sicherheit und Selbstbeherrschung besitzt, und bei meinem lebhaften Temperament das Aussehen größter Ruhe und Harmlosigkeit festzuhalten.

Unglücklicherweise gab es für mich noch eine besondere Schwierigkeit, mein Gesicht in die verschiedenen Masken zu verändern; es war dies der natürliche Ausdruck meines Antlitzes und meiner — wie ich ohne Eitelkeit in diesem Zusammenhange wohl erwähnen darf — sprechenden Augen, die für jedermann, mit dem ich redete, ein treuer Spiegel meines Inneren waren und alle meine Gedanken verrieten. Diesen natürlichen, offenen, lebhaften Ausdruck meines Gesichts mußte ich von vornherein erst verschwinden lassen, ihn gewissermaßen in der Garderobe ablegen, um ihn durch die steinerne, undurchdringliche Maske zu ersetzen, die es unmöglich machte, in meinen allzu verräterischen Augen zu lesen.

Außer meinen regelmäßigen Lehrstunden ging ich jedesmal kurz vorher, ehe ich mich aufmachte, um im Warenhaus zu stehlen, meine Rolle erst noch einmal gründlich durch und prägte mir alle Verhaltensmaßregeln ein, die ich mir für mein Handwerk aufgestellt hatte.

Es handelte sich vor allem darum, selbst die Blutwelle, die mir ins Gesicht stieg, zurückzudrängen und immer, immer mehr Herr meines Ausdrucks zu sein, durchaus und allen Zwischenfällen gegenüber unbefangen und ruhig zu erscheinen, und, während ich die Rolle eines Käufers spielte, mir vollständig selbst zu suggerieren, daß ich wirklich als harmloser, ehrenhafter Kunde das Geschäft betreten hatte. Es galt endlich, wenn ich später beanspruchte, daß man mir das Geld für meinen »heimlich gekauften« Gegenstand zurückerstatte, tatsächlich von der Überzeugung durchdrungen zu sein, daß ich diesen Gegenstand nicht gestohlen, sondern gekauft und voll bezahlt hatte. Mit einem Wort, ich mußte mich gänzlich mit meiner Rolle identifizieren und völlig vergessen, daß ich nur eine Rolle spielte. Denn nur so durfte ich hoffen, auch andere zu überzeugen.

Um die Probe zu machen, wie weit ich in meiner Kunst gelangt war, stellte ich zunächst einen »experimentellen« Versuch an. Im selben Hause, einen Stock unter mir, lebte einer meiner Landsleute, namens R..., der heute einer der größten Ingenieure Rumäniens ist, ein famoser Bursche, den ich hin und wieder besuchte.

Eines Morgens gegen neun Uhr ging ich zu ihm. Er war im Begriff sich anzuziehen, nachdem er eine fröhliche Nacht mit seinem Schatz verlebt hatte. Das junge Mädchen verabschiedete sich gerade von ihm, und wir blieben allein in der Stube zurück. Ich war ausdrücklich zu dem Zweck gekommen, mich Auge in Auge mit ihm zu prüfen, ohne ihm wirklich etwas zu entwenden. Der Zufall kam mir zu Hilfe. Auf dem Kamin lagen zwei Herrenringe im Werte von etwa fünfhundert Francs. Sofort war mein Plan gefaßt. Während er sich noch ankleidete, ließ ich im günstigen Moment die beiden Ringe in meine Tasche gleiten. Dann unterhielt ich mich weiter möglichst lebhaft mit ihm; dabei richtete ich meine Augen durchdringend auf die seinigen, zwang ihn, an meinen Lippen zu hängen und seine ganze Aufmerksamkeit auf mich zu konzentrieren. So hielt ich ihn möglichst von seiner Toilette ab, damit er sich verspäte und die beiden Ringe anzustecken vergesse, die er übrigens, wie ich wußte, als Sportsmann nicht immer trug. Ich beabsichtigte natürlich damit, daß er das Verschwinden der Ringe nicht sofort bemerkte. Als er endlich den Rock angezogen hatte, forderte ich ihn sofort auf, seine Mütze zu nehmen und mit mir in die Pförtnerloge hinab zu kommen, um mir seine neue Erfindung eines Motortricykles auseinanderzusetzen, deren Modell er im Erdgeschoß unter Aufsicht des Pförtners stehen hatte. Es war dies eine Konstruktion, die er stets mit großen Stolz seinen Freunden und besonders seinen Landsleuten zeigte. Denn dieser spätere Ingenieur R... hatte tatsächlich den Gedanken zuerst praktisch ausgeführt, Motore mit Fahrzeugen zu verbinden, und zwar bereits im Jahre 1888. Nachdem ich mich von der »Erhabenheit« seiner Idee eine gute Stunde lang hatte überzeugen lassen, nahm ich Abschied von ihm, um in der Kneipe zu frühstücken, während er mit seinem Motordreirad längs der Seinequais fortfuhr. An diesem Tage sah ich R... nicht wieder. Aber am nächsten Morgen hörte ich bereits um sieben Uhr heftig an meine Tür klopfen. Als ich die Stimme R...s erkannt und ihm geöffnet hatte, stürmte er in mein Zimmer und erzählte mir, daß man ihm tags zuvor zwei Ringe gestohlen habe. Statt auch nur die geringste Verwirrung zu zeigen— denn tatsächlich galt es ja nur ein

Experiment, eine Schulung, die ich auf seine Kosten, aber ohne die Absicht, ihn zu schädigen, anstellte—, antwortete ich ihm, daß er sie sich wahrscheinlich in irgend einer Nachtkneipe mit Damenbedienung habe abschmeicheln lassen, aber daß sicher niemand ihm seine plundrigen Ringe stehlen würde. Mein Phlegma brachte R... ein wenig aus der Fassung, aber dennoch blieb er bei seiner Ansicht und erklärte mir schließlich, daß niemand anders ihm die Ringe gestern morgen gestohlen haben könne als ich.

Obgleich ich zu so früher Stunde noch im Nachthemd war, hielt ich doch den Moment für gekommen, die Probe aufs Exempel zu machen und die absolute Ruhe zu zeigen, die ich erwerben und mir für meine ganze zukünftige Hochstaplerkarriere bewahren wollte. Bei dieser Beschuldigung stemmte ich also beide Hände in die Hüften, bohrte meine Augen in die seinigen und fragte ihn, ob er betrunken oder verrückt sei. Er antwortete, er sei weder das eine noch das andere und verlange einfach seine Ringe zurück. Ich zog meine Pantoffeln an, setzte mich in einen Sessel und forderte ihn auf, ebenfalls Platz zu nehmen, und zwar hatte ich mich so platziert, daß ich von Zeit zu Zeit einen Blick in meinen Spiegelschrank werfen konnte, ohne daß er diese rasche, aber sorgfältige Prüfung zu bemerken vermochte. Ich blickte ziemlich häufig hin, um mich über jedes Zucken meines Gesichtes, jedes Blinzeln meiner Augen während dieser Szene zu informieren, die sich leider so unendlich oft in bitterem Ernst vor unzählig vielen Kommissaren, Klägern, Untersuchungsrichtern und Ärzten in meinem späteren Leben wiederholen sollte.

Der arme R... war außer sich, schimpfte und drohte mir sogar, den Verlust bei der Polizei anzuzeigen. Ich ließ ihn ruhig toben und fluchen. Auf seine Drohung erwiderte ich stolz, daß ich mit Rücksicht auf meine »fleckenlose Vergangenheit« über jeden Verdacht erhaben sei. Ich konnte mich ja auf diese sogenannte ehrenhafte, wenn auch noch so kurze Vergangenheit ganz gut berufen, denn er kannte weder meine Jugendstreiche noch die Besuche, die ich den Warenhäusern bereits abgestattet hatte. Ich legte es sogar R... nahe, ob es nicht sein Herzensschatz gewesen sei, der ihm den kleinen Dienst erwiesen hätte. Kavalier vom Scheitel bis zur Sohle, geriet er über eine solche Beschuldigung meinerseits noch mehr in Entrüstung: Seine kleine Freundin sei das schönste, klügste und tugendhafteste aller Mädchen, die je einen Studenten mit ihrer Liebe beglückt hätten, — ein altes Lied, das alle verliebten Narren von zwanzig Jahren singen. Immer wieder fand ich neue Einwände, gab ihm schlagende Antworten auf seine Vorwürfe und Klagen und hielt ihn beständig mit kaltem Blute im Schach. Die Szene verlief genauso, wie ich es gewünscht hatte, — als eine Schulung für den künftigen Kampf, den ich derselben Gesellschaft liefern wollte, der dieser junge Mann vor mir angehörte.

Als der arme Bursche schließlich sah, daß er mir niemals ein Geständnis entreißen oder mich bei einem Widerspruch ertappen würde, erklärte er mir zum Schluß, indem er sich zum Gehen wandte, daß er in Zukunft mich weder bei sich zu sehen noch zu kennen wünsche. Ich faßte ihn jedoch trotz seines Widerstrebens am Arm und forderte ihn auf, vernünftig zu sein und nicht ohne Grund und Beweis mit mir zu schmollen.

Er war ein guter Junge und von vorzüglichem Charakter. Er drehte sich plötzlich zu mir herum und blickte lange, sorgfältig, tiefernst in meine Augen. Ich erwiderte seinen Blick. Keine Muskel zuckte in meinem Gesicht, obwohl mir das Herz schlug. Mit einmal nahm er mich in die Arme, küßte mich und bat mich, ihm zu verzeihen, daß er mich beleidigt habe. Ich selbst war aufrichtig bewegt, obwohl ich es nicht zeigte. Die traurige Rolle, die ich mir auferlegt hatte zu spielen, verbot es mir, ein Herz zu haben.

Wir schieden als die denkbar besten Freunde. Aber immerhin fand ich, daß dieser Scherz — oder richtiger, dieses Experiment — lange genug gedauert hatte. Ich ging daher in den Jardin de Cluny, wo ich für alle Fälle die Ringe versteckt hatte, nahm sie aus ihrem Versteck und begab mich am Tag nach meiner Aussöhnung mit R... von neuem zu ihm. Der gute Kerl empfing mich mit offenen Armen und offenem Herzen. Wir tranken ein Gläschen Cognac zusammen. Dann zeigte er mir seine neuen Entwürfe für einen künftigen »verbesserten« Dampfmotor. Während er sich über den kleinen Tisch lehnte, um mir alle Details seiner Zeichnung auseinanderzusetzen, ergriff ich den günstigen Moment und warf die beiden — damit sie nicht klirrten, in Zigarettenpapier gewickelten — Ringe hinter den Waschtisch.

Ich schlug ihm nun vor, auf der »anderen Seite des Wassers« — wie man im Quartier Latin das Paris jenseits der Seine nennt — einen Spaziergang zu machen. Er war einverstanden. Während er im Begriff stand, die Kleider zu wechseln, tat ich, als ob mir plötzlich der Gedanke kam, alle Möbel abzurücken und nochmals die Ringe zu suchen. Er bemerkte, daß er schon alles auf den Kopf gestellt habe, aber trotzdem gern bereit sei, mir beim Suchen zu helfen. Ich hatte das Glück, nach kurzem Suchen die Ringe unter dem Waschtisch zu finden.

Er war wie versteinert und konnte sich diese unerwartete Auffindung seiner verlorenen Schätze nicht erklären. Ich wies ihm mathematisch nach, daß diese kleinen Objekte zweifellos von dem Kamin herab dorthin gefallen sein müßten, und daß er sie bei seinen ersten Recherchen nicht entdeckt hätte, weil die Wand dort gerade eine dunkle Ecke bildete.

Ich brauche wohl nicht zu bemerken, daß ich das Zigarettenpapier, in das die Ringe gewickelt waren, geschickt und unbemerkt von R... entfernt hatte.

Alles war also wieder auf das Beste in dieser denkbar besten aller Welten bestellt. R... hatte seine Ringe, und mir war das Experiment, ob ich wirklich meine Augen und den Ausdruck meines Gesichts zu beherrschen wußte, auf das schönste gelungen.

Jetzt hielt ich diesen Teil meiner Lehre für beendet, und nach den Resultaten zu urteilen, habe ich meine Zeit nicht allzu schlecht angewandt. Aber mein Gott! Mit welch unsäglicher innerer Unruhe und Befangenheit, wenn auch ohne sichtbare Verwirrung, führte ich meine Aufgabe dann praktisch durch! Ich verdankte es besonders das erstemal nur der Kürze der Szene, daß ich mich nicht verriet; hätte ich an jenem 4. November 1888 nur noch eine Sekunde länger vor der Entscheidung gestanden, ehe ich den zum Diebstahl günstigen Augenblick erwischte, — hätte sich am nächsten Tage die Komödie der Rückgabe des Serviettenringes nur um ein wenig mehr hingezogen, — ich glaube bestimmt, daß ich mich an beiden Tagen schließlich doch verraten hätte, und zwar durch die immer wachsende Röte, die mir auf Stirn und Wangen brannte; denn damals konnte ich noch erröten. Aber trotz dieser herzbeklemmenden Minuten schwankte ich nicht einen

Augeblick, den Weg fortzusetzen, an dessen Ende das ersehnte Ziel mir winkte.

Bald jedoch handelte es sich für mich um andere nicht weniger wichtige Studien, wollte ich meine Laufbahn als ein »Fürst der Diebe« zurücklegen.

Wie ich bereits erzählte, erkannte ich nach einigen Besuchen in den großen Warenhäusern von Paris, daß die von mir hier erzielten Gewinne keine Millionen abwarfen und in keiner Weise meinen Idealen entsprachen. Ich sagte mir, daß ich lediglich meine kostbare Zeit verlor und überdies meine Freiheit wagte, nur um allerhand Nippes zu entwenden und mit ihnen relativ dürftige und schwankende Einnahmen zu erzielen. Ich sagte mir endlich, daß ich auf diesem Wege vermutlich einige hundert Jahre brauchen würde, um mit den erforderlichen Mitteln in die Kreise zu gelangen, wo die Goldfischchen herumplätschern, und daß ich dementsprechend, wenn auch nicht ganz die patriarchalische Würde, so doch das respektable Alter des braven Methusalem erreichen würde, bevor ich Viere lang fahren könnte. Ich sah also ein, daß meine Verhältnisse durch größere Umsätze und entsprechend höheren Reingewinn sanieren mußte. Wie in allen Lagen meines Lebens zögerte ich nicht lange. Ich beschloß demnach, den schäbigen Warenhäusern meine schätzbare Kundschaft zu entziehen und meine ganze Sympathie den Pariser Goldwarengeschäften zuzuwenden. Zu diesem Zwecke siedelte ich einige Tage vor Weihnachten 1888 in das gelobte Land des Faubourg St-Antoine über, wo die großen Engros-Goldwarenhäuser ihre Bureaus haben, und mietete mir eine zweispännige Viktoria. Die notwendigen Adressen der Goldschmiede lieferten mir diese freundlichen Kaufleute selbst, die große Sorgfalt darauf legen, möglichst auffällig im Pariser Adreßbuch zu prangen. Ich fing mit einem von ihnen an, der Antoine Bouchon— deutsch: Pfropfen— hieß, und den ein gütiges Schicksal offenbar bestimmt hatte, mir das erste »Pfropfengeld« zu liefern. Um Goldketten zu annektieren, die an Umfang meine bisherigen Passionen, die Serviettenringe, japanischen Nippes und anderes nicht übertrafen, hatte ich keineswegs nötig, einen besonderen »Lehrkursus« durchzumachen, sondern brauchte nur die Geschicklichkeit und Geistesgegenwart, über die ich bereits verfügte, anzuwenden, um mich als Gauner mit diesen biederen Mitbürgern zu messen.

Ich stieg also mit der nonchalanten Blasiertheit eines Jünglings aus vornehmer Familie, der sich schon als angehender Grandseigneur fühlt, aus meiner Equipage. Ich lehnte es verächtlich ab, mich mit einem ganz gewöhnlichen Handlungsgehilfen abzugeben, und verlangte den Chef Herrn Bouchon selbst; denn so jung ich war, wußte ich doch längst, daß, wer dem anderen imponiert, schon gewonnenes Spiel hat, — besonders bei den braven Parisern, die trotz ihrer äußeren republikanischen Tünche eine ausgesprochene Idiosynkrasie für alles, was »von« ist, besitzen.

Mein Wunsch wurde sofort dem Chef mitgeteilt, und innerhalb einer Minute erschien er halsüberkopf.

Ich nahm den Stuhl, den er mir anbot, und informierte ihn, daß ich verschiedene Schmuckgegenstände — Manschettenknöpfe, goldene Ketten und Börsen — zu kaufen wünschte und mich an ihn wendete, da ich viel von seinem Geschmack in Goldschmiedearbeiten gehört hätte und vor allem wüßte, daß ich bei ihm die Sachen preiswerter bekäme, als in den Ladengeschäften. Der edle

Pfahlbürger war ganz entzückt von der Ehre, die ich ihm erwies, und vor allen Dingen tief gerührt über den vortrefflichen Ruf, den er nach meinen Angaben offenbar in weitesten Kreisen genoß.

Der gute Bouchon legte mir sofort eine reiche Auswahl der verschiedenen Gegenstände vor, die ich verlangt hatte. Soweit ging also alles nach Wunsch. Nur war noch ein verteufelter Commis zugegen, der absolut mit seinem Chef die Ehre teilen wollte, mich zu bedienen; dies war mir begreiflicherweise wenig angenehm, denn da jetzt vier Augen an Stelle von zweien meine Hände überwachten, wuchsen die Schwierigkeiten ins Quadrat, mich in den Besitz der niedlichen blitzblanken Gegenstände zu setzen. Ich beeilte mich deshalb, mich zunächst von diesem allzu eifrigen Jüngling zu befreien. Um dies zu erreichen, ersuchte ich Herrn Bouchon, mich einige neuere Entwürfe von Damenketten sehen zu lassen, da ich die Absicht hätte, eine solche nach Zeichnung für meine kleine Freundin arbeiten und reich mit Perlen besetzen zu lassen. Ich hatte richtig kalkuliert, daß sich diese verschiedenen Zeichnungen nicht im gleichen Kasten mit den anderen Schmucksachen befänden, sondern im Kontor des Chefs oder in der Werkstatt aufbewahrt würden. Herr Bouchon ließ sofort den jungen Mann die Entwürfe der Damenketten aus dem Zeichensaal holen und beauftragte ihn, die schicksten und modernsten Sujets auszuwählen.

Ich blieb also mit meinem Hauptgegner allein. Jetzt, wo es mir geglückt war, den Gehilfen für Minuten zu entfernen, war der günstige Augenblick gekommen. Denn schon hatte sich auf dem Ladentisch ein unentwirrbares Durcheinander von verschiedenen Schmuckgegenständen aufgehäuft. Ich übergab dem Chef mit der rechten

Hand einige Ketten, damit er sie prüfe und mir seine Meinung über sie sage. Zugleich heftete ich meine Augen in die seinigen, als ob ich seinem Urteil mit Spannung entgegensähe, und fesselte durch meinen Blick und mein lebhaftes Sprechen seine ganze Aufmerksamkeit; zur selben Zeit lehnte ich mich mit dem Oberkörper über den Ladentisch, deckte so meine linke Hand, die langsam, gleichmäßig, unmerklich zwei andere Ketten an sich zog, — und schon waren die beiden Ketten aus der linken Hand in die linke Tasche meines Überziehers gewandert.

Mein Zweck war erreicht. Nun galt es den Rückzug, und zwar einen Rückzug mit allen Ehren. Ich gab daher Bouchon einige verschmitzte Aufträge und bat ihn, mir die gewünschten Sachen an einem bestimmten Tage zu senden, indem ich ihm eine falsche Adresse angab. Ich zahlte ihm auch nichts an, um bei der relativen Geringfügigkeit meiner Aufträge nicht dadurch selbst ein Mißtrauen gegen meine Bonität zu erwecken, und entschwand seinen verzückten Blicken.

Aber nun galt es, diese goldenen Ketten in gemünztes Gold zu verwandeln. Und das war etwas schwieriger.

Natürlicherweise konnte ich nicht dasselbe System gebrauchen, das ich im Louvre, Printemps und anderwärts angewandt hatte. Es hätte doch geheißen die Unverschämtheit auf die Spitze zu treiben, wenn ich von Bouchon das Geld für die gemausten Ketten zurückverlangt hätte.

Erst einen Monat später gelang es mir, die Ketten für 120 Francs an einen Hehler abzusetzen, dessen Bekanntschaft ich im türkischen Bade gemacht hatte. Ich log ihm vor, daß ich ein Verhältnis mit der Tochter eines Juweliers hätte, die mir die Ketten zugesteckt hätte, um unser

Liebesleben etwas sonniger zu gestalten. Dieser Hehler namens Charles B..., wurde späterhin der, mit dem ich die meisten Umsätze machte und der mir im Verlauf meines Hochstaplerlebens für mehr als 1 200 000 Francs Schmucksachen abnahm. Er ist heute mehrfacher Millionär, ich dagegen weit ärmer, als zu der Zeit, wo ich mein gefährliches Handwerk begann. Er hat niemals auch nur eine Stunde im Gefängnis gesessen, da er immer mit »Ehrenmännern« zu tun hatte, ich habe mehr als acht entsetzliche Jahre hinter Schloß und Riegel verbracht. Was mir recht war, ist ihm billig gewesen...

Mehr als ein Jahr lang hörte ich nichts mehr von meinem Freunde Bouchon; erst in jenem Monat April 1890 nach meiner Verhaftung tauchte er vor Gericht wieder auf und trübte unsere bisher so angenehmen Beziehungen, indem er gleich der frommen Witwe in Konstanz, die mühsam ihr Scheit Holz zu Huß' Scheiterhaufen heranschleppte, sein Scherflein dazu beitrug, mein Sündenregister zu vervollständigen.

Nachdem ich mich nunmehr für dieses Genre der Goldwarendiebstähle entschieden hatte, eröffnete sich mir ein weit ausgedehnteres und fruchtbareres Arbeitsfeld, als es die Warenhäuser gebildet hatten. Während ungefähr vier Monaten besuchte ich der Reihe nach fast alle renommierten Fabrikanten von Goldketten in Paris und ließ sie sämtlich, je nach den Umständen, mehr oder minder bluten. Immerhin aber beobachtete ich ein gewisses Maß — in der Beschränkung zeigt sich erst der Meister! — und erleichterte sie nicht mit einem Schlage um allzuviel; so kam es, daß viele von ihnen nach meinem Weggang das Verschwinden ihrer gestohlenen Schmucksachen gar nicht bemerkten und nicht ein einziger während der zwei Jahre 1888—1890 eine Anzeige »gegen Unbekannt« erstattete. Insgesamt brachten mir die vier Monate, während welcher ich mit den Fabrikanten von Goldketten in Geschäftsbeziehungen stand, ungefähr 5000 Francs Reingewinn; das war schon mitzunehmen, aber ich sagte mir, daß es noch besser sein müsse.

Ich überlegte nun folgendermaßen: Ebenso gut, wie ich diese vier Monate spielend und ohne ertappt zu werden, die Fabrikanten mit einem Gewinn von 5000 Francs ausbeutete, konnte ich mir weit reichere Einnahmequellen erschließen, indem ich die Engros-Edelsteinhändler in ihren Bureaus aufsuchte und sie den anständigen Zuschuß zahlen ließ, den ich für meine neue Lebensführung benötigte.

Wie gewöhnlich entschloß ich mich rasch und verlor keinen Augenblick, mich in meinen neuen, noch aristokratischeren Beruf einzuarbeiten.

Ich habe schon erwähnt, daß ich zu jener Zeit— Anfang 1889 — bereits seit zwei Monaten das allzu bescheidene Quartier Latin und seine recht primitiven Cafés und Kneipen verlassen hatte und über die Seine gegangen war; jetzt wechselte ich nochmals mein Quartier und ließ mich in der Nähe der großen Oper, Rue Magador, nieder.

Ich nahm dort eine geräumige, distinguiert möblierte Garçonwohnung, ließ mir eine ganze Equipierung bei Blanc, einem der größten Pariser Schneider jener Zeit, anfertigen und mietete eine zweispännige Equipage zu meinem ausschließlichen Gebrauch bei Brion. Ich war ständiger Gast auf der Terrasse des Café de la Paix, fehlte bei keiner einzigen Premiere der Boulevard-Theater und begann so Schritt vor Schritt in der großen Pariser Welt festen Fuß zu fassen. Was die Universität und mein

Rechtsstudium betrifft, so war hiervon natürlich überhaupt keine Rede mehr, und selbst die Erinnerung an alle jene guten Vorsätze, mit denen auch bei mir der Weg zur Hölle gepflastert worden, waren längst und ohne Gewissensbisse meinem Privatmuseum für Altertümer überwiesen.

Ich hatte das Quartier Latin ganz unauffällig verlassen, aber im innersten Herzen trug ich noch immer einen unsäglichen Haß gegen die anderen Studenten und vor allem gegen meine Landsleute. Ich empfand unser Verhältnis wie ein Duell, — auf der einen Seite ich ganz allein, auf der anderen die ganze Bande dort drüben, — unser Kampfpreis alle die Freuden dieser Erde, Luxus und unbegrenzter Reichtum, — meine Waffe Ehrlosigkeit und Gerissenheit, ihre die stumpfsinnige Arbeit des Studiums, das Schnüffeln in alten Schmökern, der Wettbewerb um die Staatsanstellung, in der sie ihr blutleeres Wissen auszuschlachten hofften.

Es galt nunmehr meine neuste Profession zur höchsten Vollendung zu bringen, bevor ich künftig bei den bedeutenden Engros-Edelsteinhändlern die kostbaren Steine fortzuzaubern versuchte.

Und wenn auch Wollen und Können zwei sehr verschiedene Dinge sind, — wo wirklich das Wollen zum eisernen Willen wird, kann man alles erreichen! Das Wort »unmöglich« ist eins, das ich seit meiner zartesten Jugend aus meinem Wörterbuch gestrichen habe und das überhaupt für keinen Menschen, am wenigsten für einen Mann existieren sollte.

Ich hatte mich bei meinem Hehler darüber informiert, daß die kostbaren Steine bei den Engros-Diamantenhändlern in Hüllen aufbewahrt werden, die sich wie

Kästchen öffnen. In diesen Papierhüllen liegen die Steine bald auf Watte, bald direkt auf dem Pergamentpapier. Die Diamantenhändler vereinigen eine Anzahl dieser Hüllen in Portefeuilles, und zwar besitzen sie von letzteren eins für Diamanten, das andere für Rubine, ein drittes für Saphire usw. Wenn nun einer dieser Händler etwas verkaufen will, öffnet er je nach der Art des Verlangten das betreffende Portefeuille und breitet die gewünschten Steine in ihren Hüllen auf dem Tisch vor seinem Kunden aus.

Ich machte mich also zunächst daran, ganz kleine Brotkügelchen, etwa in der Größe mittlerer Steine, zu formen. Ich schob fünfzehn bis sechzehn solcher Kügelchen in ein genauso zusammengeknifftes Papier, wie es die Edelsteinhändler benutzen, und legte mir dann selbst diese Auswahl vor. In meiner Person mußten sich mithin zwei Seelen vereinigen, Steinhändler und Dieb, und ich hatte beide Rollen zugleich zu spielen.

Ich begann mir zunächst den Kopf zu zerbrechen, wie ich es anstellen müßte, damit diese Steine da vor mir aus dem Besitz des Händlers in meinen übergingen. Es war mir selbstverständlich, daß der Händler seine Ware sorgfältig im Auge behalten würde; also — folgerte ich — mußte ich den Händler noch sorgfältiger im Auge behalten und beschäftigen. Es handelte sich vor allem, wie bisher bereits, darum, den Gegner an Verschlagenheit zu übertreffen, ihn mit tausenderlei Fragen nervös zu machen, ihn den einen Stein bald abwiegen, bald mit einem Pendant zusammenstellen zu lassen, jetzt einen weißen, dann einen bunten Stein zu fordern und unzählige ähnliche Scherze zu treiben, bis er nicht mehr imstande war, schwarz und weiß zu unterscheiden; dann galt es, im gegebenen Moment den einen Stein aus dieser, den anderen aus jener Hülle verschwinden zu lassen, um endlich mit dem freudigen Bewußtsein redlich erfüllter Pflicht bescheiden und dankbar nach Hause zu wandern.

Damit aber meine Rechnung stimmte, war es vor allem nötig, daß in dem psychologischen Moment, in dem ich mich der geeigneten Steine bemächtigte, er, der Händler, trotz aller Aufmerksamkeit und allen Mißtrauens — mit dem ich bei allen diesen Herrn, die ich zu meinen künftigen Lieferanten ernannt hatte, von vornherein rechnete — absolut auch nicht das Geringste bemerken konnte. Nach vielen, tausendmal begonnenen und immer von neuem aufgenommenen Versuchen war ich schließlich innerhalb vierzehn Tagen so weit, daß ich mich endgültig für ein bestimmtes System entschloß.

In dem Moment, in dem mir mein Vis-à-vis hinreichend erschöpft schien, wollte ich ihm mit dem Finger einen Diamanten von ungefähr vier Karat bezeichnen und ihn bitten, mir den Stein da abzuwiegen und ein Pendant zu ihm auszusuchen, da ich meiner Schwester ein Paar Solitäre von ganz genau übereinstimmenden Steinen zu ihrer Hochzeit zu schenken wünschte.

War der Händler von diesem Auftrage voll in Anspruch genommen, so wollte ich mich für einen Augenblick mit gelangweilter Miene in meinen Sessel zurücklegen. Wenn dann seine Beschäftigung naturgemäß noch immer andauerte, beabsichtigte ich, gewissermaßen mechanisch, nur um die Zeit totzuschlagen, mit Daumen und Zeigefinger einen Stein zu fassen und ihn zu prüfen. Indem ich aber anscheinend nur *einen* Stein mit zwei Fingern faßte, wollte ich in Wirklichkeit *zwei* Steine nehmen. Der eine würde sich sichtbar zwischen den Spitzen des Daumens und Zeigefingers befinden, der andere zu gleicher Zeit heimlich zwischen dem tiefer liegenden äußeren Rand des Daumens und dem dritten Finger, der sich quer unter den Daumen gelegt hatte. Indem so Daumen, Zeige- und dritter Finger sich scheinbar zu einem ganz natürlichen Trio zusammenschlossen, verschwand der zweite Stein vollständig für die Augen jedes Vis-à-vis, da er von dem Rand des dritten Fingers in das Fleisch des äußeren Daumens gepreßt wurde. Der Händler würde also nur sehen, daß ich den einen Stein nahm, während ich in Wirklichkeit zwei zugleich ergriff; er würde mich demnach diesen einen Stein — den ich ja, um zu stehlen in zwei Teile hätte schneiden müssen — nach Belieben betrachten lassen, umsomehr, da mein Gesicht und meine Haltung in ihrer völligen Ruhe nicht den geringsten Verdacht aufkommen lassen würden.

Um einen Edelstein, besonders einen Diamanten, zu prüfen und seine verschiedenen Fehler zu erkennen, muß man ihn mit dem Hauch seines Atems trüben; denn im andern Falle verhindert das Feuer des Steins die Feststellung etwaiger Mängel. Ich konnte also, während der Händler noch immer die Augen gesenkt hatte, um zwei gleiche Steine zusammenzustellen, den Stein ohne Bedenken meinem Munde nähern und während des Anhauchens den zweiten, den ich zwischen Daumen und drittem Finger verborgen hielt, in den Mund gleiten lassen und ihn einige Minuten zwischen Zähnen und Unterlippe behalten. Durch andauernde Übung mit meinen Brotkügelchen war ich schließlich so weit gelangt, nicht nur einen solchen gedachten Stein zwischen Zähnen und Unterlippe zu verstecken, sondern dabei auch zu plaudern, zu streiten und selbst zu lachen, ohne den Brotkügelchen-Stein dem supponierten Händler an die Nase zu spucken; selbst eine zweite und dritte Kugel vermochte ich ebenso beiseite zu schaffen, ohne mich auch nur im geringsten vor meinem Spiegel zu verraten. Später, in meiner Praxis, behielt ich jedoch nie mehr als einen Stein zu gleicher Zeit im Munde und gab den zweiten ostentativ dem Händler zurück, damit er das Gewicht und den Preis feststelle.

Was nun das Brotkügelchen betrifft, das ich soeben »gestohlen« hatte, so handelte ich folgendermaßen.

Ich gab mir vor dem Spiegel den Anschein, als ob ich einen Hustenanfall bekäme und ausspucken wollte; und da ich annahm, daß kein Spucknapf in der Nähe sei, und ich nicht auf die Erde speien wollte, zog ich ein Taschentuch aus meiner Tasche, um in dieses zu spucken, und ließ gleichzeitig das entwendete Kügelchen in das Tuch gleiten.

Wenn ich später im Ernstfalle sah, daß der Händler nichts bemerkte und nicht den geringsten Verdacht hatte, wiederholte ich die Manipulation ein zweites und selbst ein drittes Mal genau ebenso und trug nur Sorgfalt, die Steine aus verschiedenen Hüllen zu nehmen, damit der Händler die Lücken nicht sofort bemerken konnte. Da solche Steine von drei bis vier Karat für gewöhnlich in der Zahl von zehn bis vierzig in derselben Hülle lagen, war es für den Händler schwierig, das Verschwinden eines einzigen Steins zu bemerken, besonders wenn er, wie erwähnt, durch meine Fragen, Wünsche und Ansprüche völlig in Atem gehalten wurde und auf mein ehrliches Gesicht vertraute.

Ich dachte bei meinen Experimenten auch an den Fall, daß der Händler in dem Augenblick, so ich den Stein in den Mund gleiten ließ, den Diebstahl bemerkte, und übte mich an den Brotkügelchen, in diesem Falle einfach den Stein zu verschlucken und die anderen bereits gestohlenen Steine aus den verschiedenen Tüchern, die ich in allen meinen Taschen trug, zu den Füßen des Händlers unter den Tisch zu werfen, während ich ihn mit den Augen möglichst festhielt.

Da in den Geschäftsräumen dieser Händler meist Teppiche gelegt sind, würde dieser Stein beim Fallen kein Geräusch hervorgerufen haben. Wenn ich so von den Steinen befreit war und der Händler mich arretieren und durchsuchen ließ, konnte er nichts bei mir finden; er mußte mich also wieder frei lassen und im günstigsten Falle mir durch ein Schweigegeld Genugtuung geben. Dies ist auch wirklich einmal geschehen, wie weiter unten erzählt wird.

Es muß ein seltsamer Anblick gewesen sein, wie ich vierzehn Tage hindurch von morgens bis abends an meinem Tisch vor dem Spiegelschrank hantierte, die Brotkügelchen ein- und auspackte, bald redete, gestikulierte und scherzte, bald blasiert in meinem Sessel ruhte und unermüdlich die Brotkügelchen aus dem Seidenpapier in den Mund und von dort in mein seidenes Taschentuch spazieren ließ.

Nachdem ich es endlich zur Meisterschaft gebracht hatte, entschloß ich mich, den Diamantenhändlern meine freundschaftliche Zuneigung praktisch zu bestätigen.

VI

Ich beeilte mich, nachdem mir das Studium der sachgemäßen Behandlung von Edelsteinen so viel Mühe gemacht hatte, die Konsequenzen zu ziehen.

Am 5. Mai 1889 — ich entsinne mich noch genau des Datums —, als eben die Weltausstellung eröffnet war und aus allen vier Enden der Welt die Fremden nach Paris strömten, hielt ich den Moment für günstig, um in der Edelsteinbranche meine ersten »Abschlüsse« zu machen. An diesem Tage gegen vier Uhr nachmittags holte mich meine Viktoria vom Café Anglais auf dem Boulevard des Italiens ab, nachdem ich mit dem Marquis O..., dem Präsidenten der Compagnie des Ballons Captifs, auf der Weltausstellung gefrühstückt und vor dem Café bei einem Likör gesessen hatte. Jetzt, wo die Stunde der Entscheidung geschlagen hatte, verließ ich meinen Freund und stach auf große Fahrt in See. Ich hatte vorher das Pariser Adreßbuch zu Rate gezogen und eine Liste der braven Bürger aufgestellt, mit denen ich in Geschäftsverbindung treten wollte.

Ich wählte vor allem die, vor deren Namen ein Kreuz stand, ein Zeichen, daß sie Ritter der Ehrenlegion waren; denn ich sagte mir, daß man diese Auszeichnung nur nach langem, ernsten Leben und bei ausgezeichneten Geschäftsverbindungen im höheren Alter erreichen könnte, daß solche Leute mithin ein umfangreiches und kostbares Lager an Steinen haben müßten, so daß es bei ihnen leichter sein würde, aus der großen Zahl ihrer Steine diesen oder jenen verschwinden zu lassen. Auch war das höhere Alter dieser dekorierten Geschäftsleute insofern ein Vorteil für mich, als bei Greisen das Auge weniger scharf und rasch ist, die Gefahr, ertappt zu werden, sich hier also für mich verringerte. So war denn alles berücksichtigt und erwogen; ich fühlte mich »archiprêt«.

Ich hatte mir als ersten einen gewissen Fontana ausgesucht, der zu jener Zeit im Palais Royal wohnte.

Ich gab meinem Kutscher die Adresse meines neuen Hoflieferanten und hielt nach wenigen Minuten vor seiner Tür.

Auf jeden großen Juwelier oder Edelsteinhändler macht es zweifellos einen vorteilhaften Eindruck, wenn der Kunde, der ihn aufsucht, aus einer tadellosen Equipage steigt. Das ist der Speck, auf den diese Leute blindlings anbeißen, und meine junge Erfahrung, die schon merkwürdig zu wachsen und an Schärfe der Beobachtung zu gewinnen begann, hatte mir darüber auch keinen Zweifel gelassen. Und tatsächlich hat meine famose Viktoria mit ihren Renommiertrabern und dem majestätischen, tiptop gekleideten Kutscher auf dem Bock ihren beabsichtigten Eindruck nie verfehlt.

Dieser Fontana hatte ein Juwelier-Detailgeschäft und handelte gleichzeitig en gros mit Edelsteinen. Der Prokurist empfing mich. Mein unschuldiges Aussehen eines blutjungen, lebenslustigen Mannes und die kühle Ruhe des Grandseigneurs, die ich zeigte, ließen ihn, noch ehe ich ein Wort sprach, klar erkennen, daß er einen prima Kunden vor sich hatte, — einen Grünspecht, den nach allen Regeln der Kunst hochzunehmen Pflicht und Vergnügen jedes gewiegten Geschäftsmannes ist.

Ich sah den Angestellten herablassend über die Schulter

an und erklärte ihm mit ruhiger Stimme, langsam und blasiert, daß einige meiner intimen Freunde aus der brasilianischen Kolonie mir die Adresse des Herrn Fontana als beste Bezugsquelle für Steine angegeben hätten, und daß ich daher zu ihm käme, um für meine Schwester, die sich gegen Ende des Monats verheiraten wollte, ein Hochzeitsgeschenk auszuwählen.

Wie ich es erhofft hatte, wirkten meine Worte geradezu magisch auf diese Krämerseele. Denn wenn ein solcher Kunde, wie ich ihn markierte, ein Hochzeitsgeschenk aussucht, so handelt es sich durchschnittlich um fünfzig- bis sechzigtausend Francs, wobei der gute Mann fünfunddreißig bis fünfundvierzig Prozent verdient.

Wie man sieht, lohnt es sich schon, bei der Ankunft eines Ausländers mit solchen Wünschen den Liebenswürdigen zu spielen. So beeilte sich denn der Prokurist tausend Knixe vor mir zu machen, mir einen Sessel heranzurollen und halsüberkopf die Treppe in den Oberstock hinaufzustürmen, um Fontana die Ankunft eines brasilianischen Hühnchens zu melden, das würdig war, von der Meisterhand des Chefs gerupft zu werden. Wenn meine Rolle es mir nicht verboten hätte, würde ich angesichts dieser jämmerlichen Unterwürfigkeit laut herausgelacht haben. Ich brauchte nicht lange zu warten; schon nach wenigen Sekunden sah ich den Chef Fontana in eigener Person zu mir herabsteigen.

Ich schickte mich eben an, mich zu erheben, um ihm die verschiedenen Gegenstände näher zu bezeichnen, die ich als Hochzeitsgeschenk zu kaufen beabsichtigte, als er mir auch schon mit weit ausgestreckter Hand und strahlendem Gesicht, das Urbild eines »ehrbaren Kaufmanns«, entgegeneilte. Er nötigte mich in sein Bureau und bot mir dort einen Platz an; ich setzte mich nonchalant, schlug die Beine übereinander und sagte ihm, daß ich im Auftrage meiner Mutter ein Hochzeitsgeschenk zu kaufen wünschte, das aus einem Paar Solitäre als Ohrringe, einer Diamantenbrosche, zwei Ringen mit Diamanten und Perlen und einem Diadem bestehen sollte. Man hätte nur die Augen Fontanas glitzern sehen müssen, während er meine pompöse Speech anhörte. Ich sagte mir mit innerlicher Befriedigung, daß seine Steine erstklassig sein würden, wenn sie auch nur einigermaßen den funkelnden Augen ihres Besitzers entsprachen.

Er ging zu seinem Geldschrank und nahm verschiedene Portefeuilles mit geeigneten Diamanten und Perlen heraus.

Ah! Endlich lagen die so heiß ersehnten Schätze vor meinen gierigen Blicken, endlich sah ich mich dem Talisman gegenüber, der eines Tages meine Sehnsucht nach Reichtum erfüllen sollte!

Und konnte ich auch nicht mit einem Griff mich aller dieser Schätze bemächtigen — was etwas zu viel verlangt gewesen wäre —, so war ich doch entschlossen, nach jeder Richtung hin gewissenhaft meine »Pflicht« zu erfüllen und mit möglichst wenig Geräusch möglichst viel von diesen Steinen zu »erwerben«. Ich begann zunächst damit, mir verschiedene Diamanten von ungefähr vier Karat für die Ohrringe zeigen zu lassen. Es handelt sich bei diesen Steinen um zwei durchaus verschiedene Qualitäten, die blauweißen — sogenannten Kapdiamanten — und die gelblich und farbig schimmernden, die man als brasilianische bezeichnet. Ich entschied mich für die blauweißen, da mein Geschäftsfreund und Hehler Charles B... mir solche »in Auftrag gegeben« hatte. Von diesen Kapdiamanten wurden mir also zwei Päckchen vorgelegt, jedes mit etwa fünfzehn bis sechzehn Steinen.

Ich saß, wie erwähnt, in Fontanas Bureau vor seinem Schreibtisch; draußen im Laden empfing inzwischen der Prokurist die Kunden und— zu dieser Zeit der Saison und der Weltausstellung — besonders die Kundinnen, die unaufhörlich den Laden betraten und verließen.

Der günstige Augenblick für meine »Arbeit« war gekommen. Während Fontana damit beschäftigt war, zwei übereinstimmende Kapdiamanten von ungefähr vier Karat für die Ohrringe zusammenzustellen, nahm ich mit dem Daumen und Zeigefinger einen Stein aus der Hülle und verbarg gleichzeitig genau nach Programm einen zweiten dicht hinter dem ersten liegenden zwischen Daumen und drittem Finger.

Der Händler sah wohl den vorderen Stein, den ich nahm, aber nicht den anderen, der sich weiter unten zwischen meinen Fingern befand. Er ließ nicht das geringste Zeichen von Mißtrauen erkennen, sondern fuhr fort, die verschiedenen Steine, die er für geeignet hielt, zu vergleichen und abzuwiegen.

Obgleich man für gewöhnlich die Edelsteine nicht wie die Champignons mit den Fingern, sondern mit federnden Pinzetten aufnimmt, schob der Händler mein Verhalten doch lediglich auf meine Unerfahrenheit mit Steinen umzugehen. Vielleicht freute er sich sogar im tiefsten Innern über diese Unkenntnis, die ihm bewies, daß er es mit einem Neuling zu tun hatte, den er nach Herzenslust einseifen konnte.

Ich näherte nunmehr die Steine meinem Munde und reichte hierauf den oberen, sichtbaren Stein Fontana hinüber, damit er Gewicht und Preis feststelle. Dann kam der plötzliche Hustenanfall, ich zog mein Taschentuch, und — der kostbare Stein war mein.

Fontana hatte nicht die geringste Ahnung. Er war so weit von dem Glauben entfernt, daß ich ihn bestehlen könnte, wie von der Erwartung, daß die Jungfrau von Orleans aus ihrer Asche wieder auferstehen und ihn in seinem Laden besuchen würde. Im Gegenteil wurde er nur um so liebenswürdiger und eifriger, nachdem er gesehen hatte, mit welch peinlicher Sorgfalt und Gewissenhaftigkeit ich ihm nach der Prüfung seinen Stein zurückstellte. Ich benutzte die strahlende Laune meines Lieferanten, um ihm aus dem anderen Päckchen einen zweiten Kapdiamanten zu entwenden; denn ich hatte von Charles B... den Auftrag bekommen ihm das Material für ein Paar Solitäre zu verschaffen.

Freilich mußte ich darauf verzichten, die Steine dort in Fontanas Bureau zu vergleichen und abzuwiegen; aber ich legte im Moment nicht allzu großen Wert auf völlige Übereinstimmung. Auch machte ich mir angesichts seiner unglaublichen Preise kein allzu großes Gewissen über seinen Verlust, denn ich war völlig überzeugt, daß er sich mit Begeisterung bei nächster Gelegenheit an irgendeinem »Grünen« — und zwar diesmal an einem waschechten — reichlich erholen würde.

Endlich, nachdem er ungefähr zwanzig Minuten gesucht, verglichen und gewogen hatte, fand Fontana zwei völlig gleiche Solitäre, für die er zehntausend Francs verlangte.

Dieser Spitzbube wußte wirklich gepfefferte Preise zu machen! Für die Steine, um die ich ihn soeben erleichtert hatte und die den seinen an Farbe, Qualität und Größe völlig gleich waren, erhielt ich später nur dreitausendzweihundert Francs, da der reguläre Händlerwert derselben nicht mehr als fünftausend Francs betrug. Immerhin war mir der Gedanke ein Trost, daß es mir nichts geschadet hätte, wenn dieser gute Fontana selbst vierzigtausend Francs verlangt hätte. Denn bei meinen »Einkäufen« kam es wirklich nicht so genau auf den Preis an.

Obwohl ich nun in zwei meiner Taschentücher tief in den Taschen meines Rockes prachtvolle Brillanten wußte, fand ich doch, daß ich noch nicht alle meine Chancen ausgenutzt hatte. Und da ich sah, daß alles wie auf Bestellung ging, beauftragte ich Fontana, mir die von ihm ausgewählten zwei Solitäre à jour fassen zu lassen und mir zunächst noch einige Perlen für die Ringe zu zeigen. Er entsprach meinem Wunsch sofort und öffnete ein Kästchen mit wirklich wundervollen Perlen. Um ihn wiederum zu beschäftigen und abzulenken, bat ich ihn, mir eine absolut runde Perle von Erbsengröße für den einen Ring und eine zweite birnenförmige von ungefähr fünf Karat für eine Schlipsnadel, die ich mir leisten wollte, auszusuchen.

Wie vorher nahm ich anscheinend eine Perle statt zwei heraus. Da es jedoch nicht nötig ist, die Perle anzuhauchen, um sie zu prüfen, erhob ich mich von meinem Stuhl und trat an das Fenster, um angeblich besser das Wasser der Perle beurteilen zu können. Wieder ließ der Juwelier mich ruhig und ohne Mißtrauen gehen. Ich hob nun die Perle bis dicht vor die Augen, so daß die zweite nur bis vor die Lippen kam und dort verschwand, um sorgsam in mein Taschentuch eingehüllt in die hintere Tasche meines Rockes zu spazieren und erst bei meinem Freunde Charles B... ihre komplizierte Wanderung zu beenden.

Als ich mich nun von meinem Lieferanten verabschiedete, konnte ich mit meinem neuen Debüt wohl zufrieden sein. Wir setzten noch vorher den Preis des Perlenringes auf dreitausend Francs, den des Diamantringes auf viertausend und den der Ohrringe auf zehntausend, alles zusammen also auf siebzehntausend Francs und verabredeten, daß ich am nächsten Tag weitere Auswahl für die Hochzeitsgeschenke treffen würde. Dann zahlte ich ihm zweihundert Francs an und verließ den wackeren Fontana.

Er begleitete mich in eigener Person bis an den Wagen und versicherte mir hundertmal, daß ich außerordentlich klug getan hätte, mich an ihn zu wenden, und daß er alles Menschenmögliche aufbieten würde, um mich zufriedenzustellen. Ich dankte ihm warm für seinen Eifer und versicherte ihm, daß ich schon jetzt ganz ungewöhnlich mit ihm zufrieden sei, wie ich es ja aus gutem Grunde auch wirklich war. Wir nahmen also beiderseits hochbefriedigt herzlichen Abschied.

Ich hütete mich selbstverständlich wohl, am nächsten Tage wiederzukommen. Um aber nicht seinen Verdacht zu erregen, sandte ich ihm am nächsten Morgen ein Stadttelegramm mit der Mitteilung, daß infolge eines Todesfalls in der engsten Familie die Hochzeit meiner Schwester verschoben sei und ich deshalb erst später auf die Ausführung der besprochenen Schmucksachen zurückkommen würde.

Alles verlief nach Wunsch, und meiner Überzeugung nach hat Fontana den Verlust der Steine und Perlen überhaupt nicht bemerkt und noch heute keine Ahnung, daß er von mir bestohlen worden ist.

Schon am nächsten Tage überließ ich Charles B... die Diamanten für dreitausendzweihundert Francs und die Perle für achtzehnhundert Francs. Ich hatte also an einem

Tage fünftausend Francs »gemacht«. Wie man sieht, ließ sich das Geschäft ganz gut an; meine Brieftasche begann sich zu füllen und mir allmählich Wohlleben und Luxus zu gestatten.

Mehr und mehr glaubte ich mich meinem Ideale, der reichen Heirat, zu nähern, — ein Ziel, das ich dennoch niemals erreichen sollte.

Denn es kommt im Leben nur auf eins an, »Glück zu haben«. Neben diesem Talent spielen alle äußeren und inneren Vorzüge eine verschwindende Rolle.

Als Beispiel hierfür möchte ich einen Vorfall aus der letzten Vergangenheit anführen. Baron V..., einer meiner Freunde aus jener Zeit, und gleichzeitig »Kollege«, der bis vor drei Jahren alles, Reichtum, Gefängnis, Luxus, Hunger und Krankenhaus abwechselnd kennenlernte, hat sich ganz kürzlich in London mit einer reichen Amerikanerin verheiratet und verfügt heute über ein Einkommen von jährlich dreihunderttausend Francs. Und weit entfernt, daß dieser Baron eine hervorragende Intelligenz oder sonstige auffallende Vorzüge besessen hätte, fehlt ihm zum kompletten Esel nichts als die Ohren.

Von dem Tage meines Debüts bei Fontana ab besuchte und plünderte ich der Reihe nach so ziemlich alle großen Juweliere der Rue de la Paix und des Palais Royal und fast sämtliche Diamantenhändler von Paris. Es würde zu weit führen, alle Szenen, Ereignisse und Zwischenfälle, die ich hierbei erlebte, zu berichten; ich begnüge mich daher, einen einzelnen Vorfall anzuführen.

Im Februar 1890 besuchte ich einen jüdischen Edelsteinhändler S..., Rue de Châteaudun.

Er wohnte in der zweiten Etage seines Hauses mit einer Familie von fünfzehn Personen, Frau, Kindern und Enkeln.

Ich behandelte ihn nach meinem erprobten Rezept, erzählte ihm, daß ich soeben meinen reichen Vater beerbt hätte, ließ mir eine Unmenge Steine, Diamanten, Rubine, Saphire vorlegen und machte ihn mit meinen Ansprüchen, Fragen und Einwendungen bald so nervös, daß er nicht mehr wußte, ob er in der Rue de Châteaudun oder in Mesopotamien war.

Im günstigen Moment entwendete ich ihm aus einem Paketchen mit etwa zehn Rubinen einen prachtvollen Stein von etwa drei Karat.

Es war etwas gewagt, von nur zehn Rubinen einen zu stehlen, aber ich war durch meine Erfolge schon etwas kühn geworden. Und wirklich bemerkte mein Freund, daß nur noch neun Rubine in dem Paketchen lagen, obgleich auf der Hülle ein Bestand von zehn angegeben war. Er begann große Augen zu machen und mich mißtrauisch von der Seite zu betrachten. Ich bemerkte das sofort, verlor jedoch meine Fassung nicht.

Nach einigen Minuten, die er benutzt hatte, um verstohlen auf und unter dem Tisch alles nach dem Stein abzusuchen, sagte er mir plötzlich auf den Kopf zu, daß ich ihm einen Stein gestohlen hätte.

Es entwickelte sich nun folgendes hastige Gespräch:

Ich: »Mein Herr, haben Sie öfters solche Anfälle?«

Er: »Durchaus nicht! Sie sind ganz einfach ein Bandit, und ich werde Sie in das Zuchthaus bringen!«

Ich: »Zunächst werden Sie sich einmal ganz artig benehmen und Ihr Gebrüll einstellen, oder ich werfe Sie wie einen Bund Flicken zum Fenster hinaus!«

Bei dem Lärm dieses denkbarst laut und schroff geführten Dialogs stürzten die Frau, die Söhne und Enkel von allen Seiten herbei, denen S... erregt auseinandersetzte, daß dieser Gauner da, ihm soeben einen Rubin im Werte von vielen tausend Francs gestohlen habe.

Alle stierten mich entsetzt an; aber sie sahen nichts als einen ruhigen, eleganten jungen Mann, der sie mit kühler Verachtung ironisch anlächelte. Seit meiner Lehrzeit war ich ja schon tagtäglich auf einen solchen Zwischenfall gefaßt gewesen und verlor infolgedessen meine Selbstbeherrschung und die Maske völliger Sicherheit nicht. Ich war um so seelenruhiger, da ich schon längst den Rubin, während der Jude noch wie ein Verzweifelter um mich herumtanzte, in meiner Hosentasche unter den Daumennagel geklemmt und zu den Füßen des Mannes unter den Tisch geworfen hatte.

Als die dem Alten sekundierende zahlreiche Familie nun meine völlige Ruhe sah, wurde sie weniger laut, mehr und mehr unsicher, dann ganz stumm und wußte schließlich nicht was sie tun sollte.

Eine endlose Pause trat ein, während der sie nochmals jedes Stück auf dem Tisch umwandten und endlich auch unter ihm nachsuchten.

Inzwischen saß ich mit übergeschlagenen Beinen, bequem in meinem Sessel zurückgelehnt, den einen Arm auf die Lehne gestützt, in der anderen Hand meinen Stock, als ob ich auf der Terrasse eines Cafés den sonnigen Frühling genösse und im dolce far niente das Straßenleben betrachtete. Ich verlor dabei kein Wort, gleichsam als ob ich es ablehnte mich mit den plundrigen Angelegenheiten dieses unqualifizierbaren Grobians zu beschäftigen und es mir völlig gleichgültig wäre, ob er einen Stein oder seine Schwiegermutter verloren habe.

Schließlich fand denn auch der jüngste Sohn unter dem Ladentisch zwischen den Füßen des Vaters den vermißten

Rubin. Ich habe niemals wieder fast ein Dutzend Menschen gleichzeitig so blaß werden sehen, und nach einem Augenblick hilfloser Lähmung seitens der Töchter, der Söhne und endlich des Händlers selbst begann sich ein Strom von Entschuldigungen für den unangenehmen, bedauerlichen Irrtum über mich zu ergießen.

Aber jetzt war ich an der Reihe, mit Volldampf das Gefecht aufzunehmen. Ich sprang von meinem Stuhle auf, schlug klirrend mit meinem Stock auf den Tisch und erklärte, daß man mich auf das Unglaublichste und Unverzeihlichste insultiert hätte, und daß ich als spanischer Grande mir vor ganz Paris volle Genugtuung verschaffen würde.

Drei Generationen begannen zu schreien und zu heulen, wobei vor allem der Händler den Kopf verlor. Aus dem rücksichtlosen Ankläger war im Handumdrehn ein verzweifelter armer Sünder geworden; vergebens klammerten sich die beiden Enkelinnen, prachtvolle Geschöpfe von sechzehn und siebzehn Jahren mit elfenbeinernem Teint und blauschwarzem Haar, an meine Arme und flehten mich an, ihrem armen, nervösen Großvater zu verzeihen; ich schob sie sanft aber entschieden zurück und lehnte jede Entschuldigung solange ab, bis endlich die Frau des Händlers auf den längst von mir erwarteten erlösenden Gedanken kam. Sie erklärte unter Tränen, daß Entschuldigungen einem Edelmanne wie mir nicht genügen dürften, und daß ich eine angemessene Buße verlangen könnte, deren Verwendung zu irgendeinem wohltätigen Zwecke sie mir anheimstellten. Sie riet daher ihrem Gatten, den Zwist ohne Zögern beizulegen, da ein Skandal in der Öffentlichkeit ihr ganzes Geschäft ruinieren würde, und mir eine Summe von fünftausend

Francs zur Verfügung zu stellen. Trotz seines Geizes erkannte ihr Gatte doch ebenfalls welche weittragende Bedeutung eine Klage meinerseits für ihn hatte, und er bot mir sofort nicht fünf-, sondern sechstausend Francs zu beliebiger Verwendung an.

Ich antwortete ihm verächtlich, daß sechstausend Francs für einen Mann in seinen Verhältnissen eine so unglaubliche Beleidigung nicht aufwiegen könnten. Da tuschelten die Töchter und Enkelinnen mit der Frau, und alle vier sagten dem ganz gebrochenen Vater, daß eine Summe von zehntausend Francs das Richtige wäre. Mit beiden Händen griff der Alte zu und bot mir nunmehr zehntausend Francs »bar auf den Tisch«.

Diese vier letzten Worte waren Musik für meine Ohren; auch sagte ich mir, daß es höchste Zeit sei, mit dieser Komödie zu Ende zu kommen. So nahm ich denn auf dringende Bitten der Frauen den Vorschlag an, nachdem ich dem Alten noch eine fulminante Standrede über den Verkehr mit Aristokraten gehalten hatte.

Das Geld wurde mir sofort ausgezahlt. Mit gleichgültiger, verdrossener Miene steckte ich die zehn Tausendfrancscheine wie eine Lappalie, die ich irgend einem Straßenbettler schenken würde, in die Tasche und verließ unter nochmaligen allseitigen Entschuldigungen das Lokal.

Das war mein erstes ernstliches Rencontre, und von diesem Tage an durfte ich mir sagen, daß ich meine Meisterprüfung abgelegt hatte.

VII

Auf der ersten Stufe meiner Laufbahn als Dieb brauchte ich die aus den Warenhäusern gestohlenen Sachen nur dorthin zurückzubringen, von wo ich sie »bezogen« hatte. Auf der zweiten Stufe hatte ich für die Goldwaren Charles B... gefunden, der mir auch später Edelsteine abnahm.

Jetzt auf der dritten Stufe, wo ich nur Edelsteine bei den großen Händlern stahl, handelte es sich darum, weitere Verbindungen in Hehlerkreisen zu finden, um nicht einem einzelnen Menschen auf Gnade und Ungnade überlassen zu sein, sondern meine Beute rasch, bequem und vorteilhaft an den Höchstbietenden losschlagen zu können.

Aber wo bloß suchen, wo solche Leute finden?

Ist es schon außerordentlich schwierig, einen »Kollegen«, also einen anderen Dieb, dem man auf der Straße, in den Salons, auf den Rennen oder in Seebädern begegnet, zu erkennen, so ist es noch tausendmal schwerer einen »Freund der Diebe«, den Hehler, herauszufinden.

Es sind dies Leute, die ungeheure Gewinne erzielen, insbesondere, wenn sie mit Gaunern meiner Art arbeiten, die ihnen Edelsteine, Schmucksachen oder Aktien und sonstige auf den Inhaber lautende Wertpapiere liefern.

Alle diese würdigen Spekulanten sind angesehene Kaufleute von tadellosem Ruf und klangvollem Namen und tragen häufig die Ehrenlegion und andere Dekorationen. Und doch haben sie fast bei allen derartigen Verbrechen die Hand im Spiel oder geben sogar die Anregung hierzu.

Gäbe es keine Hehler, so gäbe es keine Stehler. Daher schont das Gesetz — und besonders das französische — sie auch nicht, wenn einer von ihnen einmal entlarvt wird.

Man kann sich daher denken, wie sorgsam diese ehrenhaften Kaufleute und braven Bürger darauf bedacht sind nicht nur nicht gefaßt zu werden und lange Jahre in den Gefängnissen, Zuchthäusern oder selbst als Zwangsarbeiter in Neu-Kaledonien zu verbringen, sondern auch nur den geringsten Schatten auf ihr blankes Ehrenschild fallen zu lassen.

Dies erklärt die Schwierigkeit, mit diesen Hehlern — obwohl sie in den großen Städten, wie Paris, London, Berlin, Wien usw. zahlreich genug sind — in Verbindung zu treten und ihr Vertrauen zu gewinnen.

Wenngleich sie bisweilen untereinander in geheimer Geschäftsverbindung stehen, beobachten sie doch über ihre Beziehungen zu den großen Dieben eine vollkommene Diskretion und sprechen niemals mit ihren Kollegen über ihre »Lieferanten«. Ebenso verlangen sie —, daß diese niemals im Verkehr mit anderen Hehlern ihren Namen aussprechen.

Da diese Hehler, im Gegensatz zu den Dieben, fast alle ältere Leute mit langer, gereifter Erfahrung sind, lassen sie sich so gut wie niemals fassen, während ihre jungen Freunde aus der Zunft der Diebe wohl ohne Ausnahme eines schönen Tages sich hinter schwedischen Gardinen sehen und so die Zeche gleichzeitig für sich und ihre Hehler bezahlen.

Trotzdem mußte ich unbedingt mit diesen Hehlern in Verbindung treten, um meine Steine loszuwerden und bares Geld zu bekommen.

Der Zufall war mir günstig.

Anfang Januar 1889 erhielt ich einen eingeschriebenen Brief aus Lille. Einer meiner Freunde, den ich zwei Monate vorher im Kristallpalast zu London kennengelernt hatte und den ich für den vollendetsten Gentleman Englands hielt, schrieb mir darin zu meinem größten Erstaunen: Er befinde sich in Lille im Untersuchungsgefängnis und lasse mir diesen Brief durch Vermittlung eines Wärters zugehen. Er bitte mich nach dem Château de Madrid im Bois de Boulogne zu gehen und dort im »Cabinet Pompadour« ein Kästchen von Maroquinleder mit Schmucksachen an mich zu nehmen, die er in Paris gestohlen habe und um derentwillen er in Lille verhaftet sei. Ich sollte dann zu einem genau bezeichneten Juwelier gehen, ihm das einliegende Schreiben übergeben, die Schmucksachen an ihn verkaufen und den Erlös an seine, des Schreibers Schwester nach Folkestone senden.

Dieses unerwartete Schreiben des Engländers namens Walter Ch... kam völlig überraschend, und tausend Fragen kreuzten sich in meinem Kopfe. Woher wußte der Engländer, daß ich gleich ihm ein Dieb war? Woraus erklärte sich das Vertrauen, mit dem er mir nicht nur die Beute seines Diebstahls, sondern auch den Beweis seiner Schuld übergab? Wie kam er dazu, einem Juwelier von tadellosem Rufe die Schmucksachen verkaufen zu wollen, in deren Besitz er auf ungesetzlichem Wege gelangt war? Sollte ich den Wunsch des Freundes, den ich nunmehr als meinen Kollegen kannte, erfüllen, oder sollte ich den Brief in das Feuer werfen und die ganze durchaus nicht ungefährliche Geschichte vergessen?

Der Gedanke, daß hier vielleicht ein gutes Geschäft für mich herausschaute, meine Abenteuerlust, endlich mein Herz, das mir verbot einen guten Bekannten im Unglück stecken zu lassen, ließen mich nach einer Stunde des Nachdenkens zu dem Entschluß kommen, seinen Wunsch zu erfüllen.

Ich ging zunächst in die Brasserie Pousset, um mich zu informieren, ob die Zeitungen etwas über den Diebstahl brachten. Bald fand ich auch in der »Presse« eine Notiz, wonach ein Einbruchsdiebstahl in einer Villa in Auteuil begangen und zweiundvierzigtausend Francs Pariser Stadtobligationen, sowie für sechzigtausend Francs Schmucksachen gestohlen waren. Man hatte fünftausend Francs Belohnung demjenigen ausgesetzt, der die Ergreifung der Diebe ermöglichte oder die gestohlenen Werte herbeischaffte.

In einem anderen Morgenjournal las ich dann, daß man soeben in Lille einen Engländer namens Walter Ch... als vermutlichen Täter festgenommen habe, daß jedoch bis jetzt keine zwingenden Beweise gegen ihn vorlägen.

Ich kann ehrlich sagen, daß der immerhin naheliegende Gedanke, entweder meinen Freund zu verraten und mir die fünftausend Francs zu verdienen oder aber mir einfach die Beute anzueignen, mir gar nicht in den Sinn gekommen ist. Übrigens war dies auch kein besonderes Verdienst von meiner Seite; denn abgesehen von allem »Korpsgeist« hat man auch allen Grund die Rache eines so Betrogenen zu fürchten. Und die Rache eines »Kollegen« pflegt furchtbar zu sein.

Nachdem ich daher im Klub gefrühstückt und mich zu Hause umgezogen hatte, holte mich mein Wagen zur gewohnten Stunde um vier Uhr für die Promenade im Bois ab. Ich verlor an diesem Tage keine Zeit, um in der Avenue des Acacias im Korso zu paradieren, sondern fuhr direkt zum Château de Madrid, wo ich häufig verkehrte.

Ich ließ mir das »Cabinet Pompadour« geben, das glücklicherweise gerade leer war. Aber da man nicht mutterseelenallein in ein solches Separé zu gehen pflegt, um über den kategorischen Imperativ nachzudenken, teilte ich dem Pförtner und dem Maitre d'hotel mit, daß ich eine kleine, brünette, graziöse »Lady« erwartete, und fügte noch mehrere andere Erkennungszeichen hinzu, um die Leute ganz sicher zu machen. Ich bat mich zu benachrichtigen, sobald die Dame angelangt sei, und sie ohne Aufenthalt in mein Kabinett zu führen.

Dann forderte ich zunächst ein Glas Portwein.

Kaum hatte man mir den Wein gebracht und mich allein gelassen, als ich den Riegel vorschob, zum Sofa eilte, mich hinwarf und auf dem Rücken liegend in dem Federboden nach dem Maroquinkästchen suchte. Tatsächlich fand ich das zusammengeschnürte Paket noch unberührt an seinem Platz. Ich riß die Schnüre auf und fand ein Aktenkuvert, in dem sich die Obligationen und unter ihnen das Kästchen mit den Schmucksachen befand. Diese hatten anscheinend einer jungverheirateten Frau gehört, denn sie waren alle fast noch nicht getragen und nach Stil und Fassung hochmodern.

Ich verlor keine Zeit, legte alles wieder an seinen Ort, zog meinen Überzieher aus und steckte das Kästchen in die eine Außentasche, die Papiere in die andere; dann legte ich den Paletot, das Futter nach außen, über eine Stuhllehne.

Der ganze Vorgang dauerte weniger Zeit als man zum Erzählen braucht. Ich schob nun den Riegel zurück und klingelte nachdrücklich, als ob ich durch das Warten ungeduldig geworden wäre. Der Maitre d'hotel und Kellner stürzten in das Zimmer, worauf ich meine Uhr zog und nervös fragte, ob die betreffende Dame denn noch nicht da sei. Auf ihre verneinende Antwort schickte ich »alle Weiber zum Satan«, bezahlte meine Zeche mit 75 Centimes und gab jedem drei Francs Trinkgeld, als ob ich sie nicht unter dem verunglückten Diner mitleiden lassen wollte.

Dem Personal in solchen Highlife-Restaurants sind derartige Vorfälle, in denen irgend ein Seladon »versetzt« wird, etwas ganz Gewohntes; es wunderte sich daher niemand über meine scheinbare Enttäuschung und meinen raschen Aufbruch. Keiner von ihnen ahnte, daß ich ihnen soeben aus den Tiefen ihres Sofas einen Finderlohn von fünftausend Francs wegeskamotiert hatte, sondern höchst befriedigt steckten sie jeder ihre drei Francs Trinkgeld ein.

Ich stieg wieder in meinen Wagen und fuhr nach Hause. Es war an diesem Abend zu spät geworden, um die Schmucksachen an den Juwelier loszuschlagen, denn man verkauft niemals Edelsteine bei irgendwelchem künstlichen Licht. Hierzu ist das Tageslicht unentbehrlich, — so sehr auch solche Schmucksachen dieses Licht des Tages zu scheuen haben.

Ich war damals noch jung und noch nicht in Edelsteinen so versiert, wie ich es heute bin. Immerhin verstand ich den Wert solcher Steine einigermaßen abzuschätzen und hatte überdies einen Anhalt an dem in den Zeitungen angegebenen Wert von sechzigtausend Francs, wenn ich auch wußte, daß der vom Publikum an die Juweliere gezahlte Preis noch nichts für den faktischen Wert der Schmucksachen beweist.

Mein Freund hatte mich in seinem Briefe beauftragt, von dem Hehler-Juwelier für die ganzen Schmucksachen fünfunddreißigtausend Francs zu verlangen und sie nicht unter siebenundzwanzigtausend loszuschlagen.

Die Obligationen hatte er nicht erwähnt, sei es, daß er keinen Wert auf sie legte oder befürchtete, sie seinen polizeilich gesperrt.

Ich verlebte den Abend in der großen Oper, soupierte bei Lucas und ging am nächsten Morgen nach dem Frühstück mit den Schmucksachen los. Ich traf den Juwelier allein, da sein Gehilfe gerade in Geschäften aus war. Ohne viel Umschweife sagte ich ihm, daß ich ein »intimer Freund« von Walter Ch... sei und ihm diesen Brief hier zu übergeben habe. Der ehrenwerte Kaufmann blickte mich mißtrauisch und forschend an, als wollte er in meinen Augen und in meiner Seele lesen; aber die Mühe war vergebens, — er sah nichts als ein steinernes Sphinxgesicht.

Dann las er den Brief.

Derselbe war so überzeugend, daß der Juwelier mir die Hand schüttelte und mir versicherte, daß ich in seinen Augen ein »vollkommener Ehrenmann« wäre, was in der Diebs- und Hehlersprache bedeutete, daß er mich für absolut verschwiegen halte,— die einzige Eigenschaft, auf die bei solchen Beziehungen Wert gelegt wird. Ob man billig oder teuer verkauft, geschäftlich kulant oder schwierig ist, das sind Vorzüge oder Fehler, die nur materielle Bedeutung haben und daher erst in zweiter Linie stehen. Aber Vertrauen verdienen oder nicht, heißt zwischen Hehler und Stehler Sein oder Nichtsein...

Ehe wir vom Geschäft zu sprechen begannen, mußten wir einen Augenblick warten, da das Kontor im ersten Stock lag und der Juwelier den Laden nicht allein lassen konnte.

Als der Commis zurückgekehrt war, lud mich der Juwelier ein, ihm in sein Kontor zu folgen, wo er »mir die gewünschten Perlen vorlegen würde«.

Merkwürdig! Der Gehilfe, der seit zwölf Jahren im Dienste dieses Hehlers stand, wußte nichts von diesem Nebenberuf seines Chefs, und ich, der ich ihn kaum eine halbe Stunde kannte, hielt seine Ehre und sein Schicksal in meinen Händen. Wie seltsam sind doch mitunter die Beziehungen der Menschen!

Der Gehilfe fand den Vorgang also ganz natürlich, und wir fanden ihn noch viel natürlicher. Wir traten in ein Vorzimmer, dessen Tür stark mit Eisen beschlagen war und die sorgfältig hinter uns verschlossen wurde, und begaben uns dann in ein zweites Zimmer, in dem sich das Bureau befand. Die Tür zwischen diesen beiden Räumen, sowie anscheinend auch die mit Stoff bespannten Wände waren ungewöhnlich dick gepolstert.

In dieser »Matratzengruft« war man vor jeder menschlichen Neugier und Indiskretion absolut sicher. Wir setzten uns an seinen Schreibtisch dem Fenster gegenüber, das, obwohl mit dichten weißen Gardinen verhängt, genügend Licht einließ, und der Juwelier prüfte die Schmuckstücke sorgfältig. Dann fragte er nach dem Preise, den Walter Ch... in seinem Briefe an ihn nicht fixiert hatte.

Es war meine Aufgabe, möglichst viel, mindestens aber 27000 Francs zu erzielen.

Obgleich ich ebensowenig habgierig als geizig bin, haben mir doch fast alle Hehler, mit denen ich zu tun gehabt habe, mit einem heiteren, einem nassen Auge versichert, daß ich »schlimmer als zehn Juden« sei. Natürlich möchten diese Vampire die Schmucksachen, die ihnen die Diebe bringen und für die diese zehn Jahre hinter Kerkermauern riskieren, am liebsten für nichts oder für ein Butterbrot erwerben. Und dies war ja auch gerade der Grund, weshalb ich unter den Hehlern Auswahl haben wollte.

Wir begannen die Schmucksachen Stück für Stück abzuschätzen, obwohl mein Juwelier sie lieber spottbillig im Ramsch gekauft hätte.

Wir handelten verzweifelt. Denn wenn der Hehler auf der einen Seite nichts zahlen will, so sträubt er sich doch andererseits mit Händen und Füßen dagegen, die Beute einem Konkurrenten zu überlassen. Aber auch ich sagte mir, daß ich den Bogen nicht zu sehr überspannen durfte. Wir notierten daher die schließlich vereinbarten Preise Stück für Stück auf Papier und erzielten eine Endsumme von 36 200 Francs, also 1 200 Francs mehr, als die höchste Erwartung meines Freundes Walter Ch... betrug, und 9 200 Francs mehr als sein niedrigstes Limit.

Ich war von diesem materiellen und moralischen Erfolg hoch erfreut und glaubte es verantworten zu können, wenn ich die 1200 Francs als wohlverdiente Provision in meine eigene Tasche steckte.

Der Juwelier öffnete seinen Geldschrank, legte die Schmucksachen hinein und zahlte mir 36 200 Francs aus.

Alle diese Käufe vollziehen sich per Kasse; denn wenngleich — wie erwähnt — das ganze Verhältnis zwischen Dieb und Hehler auf unbegrenztem Vertrauen beruht, so pflegt doch auch hier in Geldsachen die Gemütlichkeit aufzuhören.

Jetzt erst erklärte ich ihm, daß ich auch noch Pariser Stadtobligationen hätte.

Er antwortete mir, daß er schon längst auf diese

Mitteilung gewartet habe, da das Polizeipräsidium ihm — natürlich in seiner Eigenschaft als Juwelier, nicht als Hehler — wie üblich das Verzeichnis der in Auteuil gestohlenen Wertsachen übersandt hätte. Er habe jedoch für diese Obligationen keine Verwendung, teils, weil sie nicht seine Spezialität, teils, weil sie bereits gesperrt wären.

Er empfahl mir, sie an Londoner Hehler loszuschlagen. Ich antwortete ihm, daß es hierfür zunächst nötig sei, solche zu kennen. Er versprach mir hierauf, mir einen Empfehlungsbrief an einen Londoner Juwelier und »Kollegen« in der Oxford Street zu geben, der genau derselbe »Ehrenmann« wäre wie wir beide und mir einen Abnehmer für die Papiere nachweisen würde.

Mit Dank verließ ich ihn, ging, ohne Zeit zu verlieren, zum Crédit Lyonnais, kaufte dort einen Scheck über 35 000 Francs und schickte ihn an Walter Ch . . . s Schwester nach Folkestone.

Denselben Abend traf ich meinen Juwelier in der Avenue Friedland; er begrüßte mich herzlich und lud mich in das Café Anglais zum Diner ein.

Unterwegs erzählte er mir in der geschlossenen Droschke, daß er sämtliche Steine bereits aus der Fassung genommen und zum großen Teile losgeschlagen habe. Er riet mir dann, ohne Zögern nach England zu fahren und die für mich recht gefährlichen Obligationen zu versilbern.

Der Nachmittag des nächsten Tages sah mich bereits in London. Ich begab mich sofort nach der Oxford Street und wurde auf Grund meines Einführungsbriefes mit offenen Armen aufgenommen.

Der Engländer bestellte mich auf den nächsten Morgen

zu sich, um sich mit mir nach St. James' Street zu einem geeigneten Hehler zu begeben. Am Tage darauf trafen wir unseren »Bankier« auch in seinem Bureau an. Dieser Mann kaufte seinen »Freunden« jedes Papier ab, das sie ihm boten, und wußte es ohne Ausnahme sofort unterzubringen, ganz gleich, ob es gesperrt oder vom Papst mit dem Interdikt belegt war.

Trotzdem machte der gerissene »Ehrenmann« natürlich zunächst Schwierigkeiten und bot mir schließlich für die 42 000 Francs in Papieren 7000 Francs bar.

Obwohl mir solche Geschäfte bisher fremd waren, hatte ich doch sofort die Empfindung, daß er mich »machen« wollte.

Ich antwortete also nicht einen Laut, sondern sah ihn nur verächtlich von oben bis unten an und steckte meine Obligationen einfach wieder ein.

Die beiden Füchse blickten sich gegenseitig völlig verdutzt an; ich aber erklärte ihnen nun mit ruhiger, doch fester Stimme, daß ich zwar jung, aber nicht blödsinnig wäre.

Beide verteidigten sich auf das lebhafteste und schwuren tausend heilige Eide, daß sie auch dem Liebsten, das sie auf Gottes Welt besäßen, nicht einen Pfennig mehr geben könnten. Der Bankier zog schließlich ein kleines Buch aus einem Geheimfach und wies mir daraus nach, daß er in den letzten Jahren immer nur durchschnittlich fünfzehn Prozent des Nominalwertes erzielt hätte.

Tatsachen beweisen. Um mich aber nicht ganz geschlagen zu sehen, erklärte ich ihm, daß ich das Geschäft für fremde Rechnung machte und es daher nur recht und billig wäre, wenn ich tausend Francs Provision verdiente.

Der Engländer war bei aller Gerissenheit doch ein

anständiger Kerl; er zahlte mir daher ohne langes Lamento achttausend Francs aus, wir leerten eine Flasche Portwein und frühstückten dann im Café Monico am Piccadilly Cirkus wie die Lords.

An demselben Abend bereits verließ ich wieder den englischen Boden.

Nach Paris zurückgekehrt wußte ich nicht, wie ich die 7000 Francs an ihre Adresse befördern sollte. Ich fuhr also nach Lille, um mich mit Walter Ch... direkt in Verbindung zu setzen.

Es würde zu weit führen, wollte ich erzählen, wie ich mich dort in einfachster Kleidung mit den Gefängniswärtern anfreundete und durch ihre Vermittlung Briefe und Werkzeuge an meinen Freund sandte. Es genüge, daß er nach fünf Tagen frei war, mir die von den 7000 Francs nach Bestechung der Wärter noch verbleibenden 4000 Francs großmütig schenkte und als freier Mann nach den Sandwichinseln abdampfte, während ich nach Paris zurückfuhr.

Ich kannte nun drei große Hehler, mit denen ich auch bis zum Schluß meiner Laufbahn — siebzehn Jahre hindurch — im ständigen, gegenseitig durchaus befriedigenden Verkehr geblieben bin.

Da ich mir nur Edelsteine aneignete — und ich brauche wohl kaum zu versichern, daß ich nicht gerade darauf versessen war, in falscher Bescheidenheit die kleinsten und schlechtesten zu wählen —, summierte sich der Erlös dieser winzigen Objekte jedesmal zu Tausenden, die meine Hehler mir bar und richtig auf den Tisch legten.

Um dem Leser ein Bild zu geben, um welche Summen es sich häufig handelte, erwähne ich folgendes:

Einmal glückte es mir bei einem großen Juwelier in der Rue de la Paix ein Paar Solitäre im Werte von 80 000 Francs zu entwenden, die ich für 40 000 Francs verkaufte.

Ein anderes Mal, gegen Ende Juli 1889, stahl ich ein ganzes Paketchen von Saphiren, die mir 75 000 Francs brachten.

Den größten Schlag, den ich in dieser ganzen Serie von Diebstählen — 1888 bis 1890 — erzielte, machte ich bei einem Engros-Juwelier in der Rue Etienne, bei dem ich in einem ungewöhnlich günstigen Moment sieben Krawattennadeln, alle mit großen, birnenförmigen Perlen, in meiner Tasche verschwinden ließ, als ob sie ein Bund Zahnstocher wären.

Diese Nadeln verwandelten sich für mich in einen Scheck von 100 000 Francs auf die Société Générale.

Ich pflegte meine Beute demjenigen Hehler anzubieten, der gerade in der Nähe des Tatortes wohnte, und offerierte mir dieser einen angemessenen Preis, so schlug ich ohne Zögern ein.

Auch wenn ich erst seit kurzer Zeit in dieser »Branche« arbeitete, verstand ich doch bald, einen Stein fast auf Heller und Pfennig zu taxieren und verlangte daher stets den angemessenen Preis, der beiden Teilen gerecht wurde.

Nach kurzer Zeit kannten mich meine Leute auch genau und verzichteten darauf mit mir zu feilschen. Glaubten sie sich außerstande den geforderten Preis zu zahlen, so nannten sie mir kurz die Summe, die sie anlegen konnten; und da auch ich mich rasch entschloß, pflegte sich das Geschäft in wenigen Minuten abzuwickeln.

Hierzu kommt, daß die Hehler Edelsteindiebe stets mit besonderer Freude kommen sehen. Denn solche Steine haben kein charakteristisches Erkennungszeichen, wie etwa ein Pferd, ein Kunstwerk oder ein Schmuckstück, und ein Kapdiamant von drei Karat ist tausend anderen Kapdiamanten von drei Karat vollständig gleich. Die Käufer können daher ohne weiteres die Steine, die sie soeben als Hehler spottbillig erworben haben, als Juweliere sofort verarbeiten oder mit Vorteil an andere Diamantenhändler absetzen.

Mag man also auch über diese Diebstähle entrüstet sein, — eins wird man nicht leugnen können: Sie waren das, was der Kaufmann ein »glattes Geschäft« nennt.

Ich greife, obwohl wir im Jahre 1888 stehen, den Ereignissen voraus, um hier im Zusammenhang zu erzählen, wie ich auch jenseits des Ozeans ohne Schwierigkeit einen Hehler kennenlernte.

Ende des Jahres 1894 ging ich nach Nordamerika, nachdem mir der Boden in Frankreich etwas zu heiß geworden war. Da die Archive der hohen Polizei sich wiederholt und höchst unliebsam mit meiner Wenigkeit beschäftigt und der unergründliche Schlund Monte Carlos immer wieder meine Sparpfennige verschlungen hatte, fuhr ich über Genua nach Halifax in Kanada. Während meine Reisegefährten sich in ihren Kabinen damit beschäftigten in trüben Stunden ihr vergangenes Leben an sich vorüberziehen zu lassen, alle ihre Sünden in würgender Qual zu büßen und hilflos auf diese elendste aller Welten zu schimpfen, suchte ich mich ihnen in ihrer wenig beneidenswerten Lage hilfreich zu erweisen, indem ich sie schmerzlos von dem irdischen Tand befreite, auf den sie augenblicklich mit unsäglicher Verachtung sahen.

Unter den verschiedenen netten kleinen Andenken an die stürmische Seefahrt befand sich auch ein Perlenkollier im Werte von etwa 37000 Dollar, und da die Passagiere nicht daran dachten bei der schrecklichen Überfahrt ihr Gepäck zu revidieren, bemerkten sie nichts von den fehlenden Schmuckstücken. Ich riskierte ja freilich, auf frischer Tat ertappt, in Ketten gelegt und in die Tiefe des Schiffs versenkt zu werden; aber derartige Befürchtungen kamen mir überhaupt nicht, da ich damals noch eine beneidenswerte Seelenruhe besaß. Ich sagte mir einfach: »Du mußt arbeiten«, — also verlor ich keine Zeit und arbeitete. Und beschützt von meinem guten Stern oder bösen Dämon entging ich der Gefahr, und Schiff und Passagiere, Opfer, Dieb und Beute gelangten glücklich und einträchtig in den Hafen.

Obwohl ich Passagier erster Klasse gewesen war, vollzog sich meine Landung nicht ohne Schwierigkeiten. Ich mußte dem Einwanderungsinspektor eine Unmenge Fragen beantworten, darunter die, ob ich bereits eine Ehrenstrafe erlitten hätte. Selbstredend störte mich eine derartige rein formelle Frage wenig, und ich zögerte nicht mit der pomphaften Antwort, daß ich »niemals auch nur eine Sekunde in meinem Leben mit dem Gesetz zu tun gehabt habe«.

Der Inspektor blieb aber trotz meines Pathos ziemlich lau und verlangte schließlich sogar den Beweis für meine Behauptung.

Ich reckte mich jetzt hoch auf, als ob ich einen Peitschenhieb erhalten hätte, und fragte ihn schroff, ob ich mich in einem freien Lande oder etwa in der Türkei befände. Der Inspektor, der sich doch wohl schließlich vor einem peinlichen Mißgriff fürchtete, antwortete nun plötzlich auffallend höflich, daß seine Fragen gesetzlich berechtigt seien und mir daher keinen Anlaß zu irgend welcher Erregung bieten könnten. Zum Schluß schüttelte er mir die Hand und ließ mich passieren.

Wieder einmal war ich nur um Haaresbreite dem drohenden Schicksal entgangen. Denn ohne meine altbewährte Kaltblütigkeit hätte mich der Inspektor, der durchaus keinen schüchternen Eindruck auf mich machte, vermutlich für einige Wochen in das Auslieferungsdepot eingesperrt, bis von Europa Informationen über mich eingelaufen waren. Wäre dann die Nachricht gekommen, daß ich bereits vier Jahre in Frankreich in unfreiwilliger Zurückgezogenheit verlebt hätte, so würde er mich unbarmherzig und mit unsäglicher Befriedigung nach dem Hafen zurückgeschickt haben, von dem aus ich die Reise angetreten. Und wenn — wie höchst wahrscheinlich — inzwischen noch die Diebstähle entdeckt worden wären, die ich während der Überfahrt verübt hatte, so kann sich jeder selbst ausmalen, wie gründlich ich die Kehrseite des freien Kontinents kennengelernt hätte.

Aber das alles war überstanden und vergessen.

Zum erstenmal stand ich auf dem Boden Amerikas und zwar im Gebiet von Kanada, mit elenden 3 000 Francs und den schwer verwertbaren Schmucksachen in der Tasche.

Trotzdem fuhr ich stolz in das feudale Viktoriahotel und ließ mir ein Zimmer zum Preise von täglich acht Dollar geben.

Ich verlor keine Zeit Nase und Mund aufzusperren und die Wolkenkratzer und andere amerikanische Verrücktheiten anzustaunen; denn ich hatte Dringendes zu erledigen, — mit anderen Worten, in diesem fremden Lande vor allem einen zuverlässigen Hehler ausfindig zu machen.

Wie aber sollte ich in dieser Stadt mit 300 000 Einwohnern den richtigen Mann heraussuchen?

Ich sagte mir nach einigem Nachdenken, daß ich zunächst mein Glück auf den Edelsteinauktionen versuchen müsse, zu denen die Juwelenhändler und Kommissionäre zusammenströmen. Ich wollte dann mit dem geeignetsten unter diesen Leuten, die in allen fünf Weltteilen gleichmäßig auf billigen Einkauf erpicht sind, anknüpfen und ihm vertraulich mitteilen, daß er durch mich zu lächerlichen Preisen kaufen und seine ganze Konkurrenz schlagen könnte. So würde ich meinen Zweck rasch und gefahrlos erreichen.

Ich ging also am nächsten Tage auf den Broadway und wohnte einer Auktion des städtischen Leihamtes bei.

Wie ich es vorausgesehen hatte, tobte dort eine ganze Bande von solchen Burschen, die sich mit ihren Spitzbubengesichtern und gierigen Augen, wie man sie kaum bei hungrigen Raubtieren der zoologischen Gärten sieht, verzweifelt um jeden angebotenen Gegenstand balgten.

Ich fand ohne alle Schwierigkeit den unter ihnen heraus, bei dem jede Gefahr etwaiger moralischer Bedenken absolut ausgeschlossen erschien.

Ich drückte ihm zunächst kräftig die Hand, als ob ich ihn meiner unbeschränkten Bewunderung für seine ungewöhnliche Tatkraft und stupende Geschäftsbehandlung versichern wollte. Da er mich wohl für irgend einen Greenback hielt, dem die Majestät der anglosächsischen Genies es völlig angetan hätte, blähte er sich wie ein Pfau auf, schüttelte mir seinerseits die Hand, als ob er einen Pflaumenbaum abernten wollte, und versicherte mir, daß ich die Freude hätte, den Stolz und die Zierde des amerikanischen Edelsteinhandels vor mir zu sehen. Er fügte hinzu, daß, wenn ich vorzüglich und zu einfach ungeahnt niedrigen Preisen einkaufen wollte, ich mit seltenem Scharfblick den einzig möglichen Mann herausgefunden hätte und ihn am nächsten Tage in seinem Bureau aufsuchen müßte, dessen Adresse er mir zugleich mit seinem Namen nannte.

Das war alles, was ich für diesen Tag brauchte. Nachdem wir noch in einer benachbarten Bar eine Unmasse Whisky vertilgt hatten, schieden wir, voneinander völlig enthusiasmiert, als Freunde für das ganze Leben.

Am nächsten Tage beeilte ich mich, »den Stolz und die Zierde« aufzusuchen, und wurde sofort bei ihm vorgelassen. Er empfing mich mit offenen Armen, bot mir einen Sessel an, klopfte mir grinsend auf die Schulter und fragte diensteifrig, welche Art von Schmuck ich zu kaufen wünschte.

Ohne viel Umschweife antwortete ich ihm: Ich wäre ein Commis eines großen Pariser Juweliers. Ich hätte die Abhängigkeit satt gehabt und mich »etabliert«, indem ich mit Preciosen im Werte von 100 000 Francs das Weite suchte. Meine Beute bestände zum größten Teil aus ungefaßten Steinen, die ich ihm hiermit zur Verfügung stelle.

Nicht umsonst hatte sich mein Freund als »den Stolz und die Zierde Amerikas« bezeichnet, denn er war tatsächlich ein selten heller Bursche. In demselben Augenblick, wo er erfuhr, daß er Käufer sein sollte, veränderte er sich mit einem Schlage. Statt des ewig lächelnden Verkäufers stand im Handumdrehn ein kühler, skeptischer Businessman vor mir, der, ohne mit der Wimper zu zucken, meine Vorschläge anhörte.

Er forderte mich auf, ihm meine Schätze zu zeigen. Ich

redete ihm vor, daß ich dieselben in der Nähe von Halifax unter einem Baume vergraben und nur einen Smaragd und eine Perle bei mir hätte. Denn ich wollte zunächst erst eine Probe machen, wie sich der Mann in Geschäften anließ.

Er prüfte und wog die Preciosen und bot mir kurz entschlossen, ohne lange zu fragen, 1200 Dollar dafür.

Das war der Mann, den ich brauchte, und da mir der Preis angemessen erschien, nahm ich sein Gebot ohne weiteres an.

Er erhob sich mit echt englischem Phlegma, nahm aus seinem Geldschrank ein Bündel Scheine heraus und zählte mir 1200 Dollar auf. Dann erklärte er mir ohne ein überflüssiges Wort, daß ich zu jeder Zeit zurückkommen könnte und daß er gewohnt sei und von mir erwarte, Geschäfte auf das Diskreteste zu behandeln.

Somit hatte ich binnen vierundzwanzig Stunden im wildfremden Kanada den richtigen Mann gefunden, der mir die auf hoher See und später auch die auf festem Lande »akquirierten« Preciosen glatt und kulant in Gold verwandelte.

Außerdem hatte ich das Glück, einem reichen Amerikaner 17000 Dollar abzunehmen, reiste dann über Chicago nach San Francisco, wobei ich auf der Fahrt Schmucksachen im Werte von 72000 Dollar stahl, von hier nach Honolulu und Yokohama und kehrte über Amerika nach Europa zurück.

VIII

Ich habe den Ereignissen vorgegriffen, um meine Beziehungen zu den Hehlern im Zusammenhang zu besprechen. Ich kehre daher zum Jahre 1888 zurück, in dem ich zum Edelsteindieb geworden war.

Von dieser Zeit an ging ich mit Riesenschritten auf der Bahn des Verbrechens vorwärts, und etwa sechs Monate, nachdem ich mich meiner neuen Spezialität zugewandt hatte, sah ich mich vom vollendetsten Komfort und Luxus umgeben.

Es würde zu weit führen, auch nur annähernd alle die Diebstähle zu berichten, die mir von nun an in reichem Maße das Gold brachten.

Im November 1889 kaufte ich mir ein kleines Haus Rue Francois I, das ich mit 350000 Francs in zwei Raten zu bezahlen hatte, und zwar die Hälfte bei Übernahme des Hotels, die andere ein Jahr später. Da ich dieses Haus vollständig möbliert — genau so wie mein Vorgänger, ein dänischer Graf, es eingerichtet — erworben hatte, entstanden mir keine weiteren Einrichtungskosten. Nur die Wagen, Jucker, Geschirre und Livreen, die ich anschaffen mußte, um anständig aufzutreten, kosteten mich noch etwa 60000 Francs.

Da ich das Haus mit seinen zwölf Zimmern allein bewohnte, konnte ich mit weniger als acht Bediensteten nicht auskommen; denn Kutscher, Stalleute, ein Koch, ein Kammerdiener und anderes Personal sind für solchen Haushalt nicht zu entbehren. Ich nahm meine Mahlzeiten fast immer zuhause ein, da mir die wohltuende Stille meines Heims lieber war als das unruhige Treiben der Restaurants. Ebenso ging ich, obwohl ich ein Leben im großen Stile führte, nur selten in die Nachtcafés und andre Rendezvousplätze der Lebewelt, da ich keinen Spaß daran fand, auf diese Weise die Nacht zum Tage zu machen. Ich glaube, daß man mich damals allgemein als netten, liebenswürdigen Kavalier betrachtete; ich war mit allen diesen reichen jungen Leuten der Pariser Jeunesse dorée und isidorée befreundet, hielt mich aber so weit als möglich von ihren »Exbummeln« fern. Da ich viele Ausgaben und die Diamantenhändler viele Steine hatten, ging ich alle paar Tage los und überzeugte mich, daß Nachfrage und Angebot in dieser Branche in harmonischem Verhältnis zueinander standen.

Ich hatte mein Depositenkonto auf dem Crédit Lyonnais, aber sehr häufig schüttete ich das blinkende Gold, ehe ich es dort einzahlte, auf den Tisch vor mir aus. Ich wühlte lange mit beiden Händen in den klirrenden Münzen, um dann den Kopf in die Hand zu stützen und angesichts meiner Schätze wie Hamlet mit dem Totenkopf und Narziß mit seinem Pagoden zu philosophieren.

Ich sagte zu den Schätzen vor mir: »Da bist du nun endlich, goldene Flut, für die ich mich ständiger Gefahr ausgesetzt und hundertmal meine Freiheit gewagt habe ... Da flimmerst du nun gebändigt, hilflos wie ein Sklave vor mir —, du lachendes Gold, für das ich meine Ehre und mein Gewissen mit Füßen getreten ... !«

»Du hast meine Tage und Nächte mit Sorge erfüllt, mir Minuten voll atemloser Qual bereitet, — du hast mich in Glanz und Luxus gebettet und mir alles geschenkt, was nur mein törichtes Herz fiebernd ersehnte ... Aber war das eine das andre wert?«

»Ach nein! Je mehr du dem Menschen zuströmst, je höher sich die goldenen Säulen hochrecken zu gewaltigen Türmen, desto mehr hängt das Herz deines Herrn an dir, drängt es zu dir, desto mehr erstickt alles Gute, Edle in ihm unter dem einen fixen, ihn rastlos aufpeitschenden Gedanken, dich festzuhalten, zu mehren, durch deine Zauberkraft die Welt zu unterjochen...«

»Denn wer dich beherrscht, ist Herr der Erde und braucht vor niemand das Haupt zu beugen...«

Es war mir gelungen, mich in den Salon der Herzogin von U... und andere aristokratische Zirkel einführen zu lassen, dort dank meiner Zurückhaltung und meinem bescheidenen Wesen mir viele Sympathien zu gewinnen und festen Fuß zu fassen.

Hier lernte ich eine kleine entzückende Witwe kennen, die sich mit neuen Heiratsgedanken trug und mich gewiß ebenso gern wie jeden anderen genommen hätte. Aber sie besaß nicht mehr als etwa 700 000 Francs Vermögen.

Wenn dieses Kapital auch nicht zu verachten war, so verschwand es doch gegen die halbe Million Einkommen, die ich nun einmal absolut haben wollte. Ich verkniff mir also das allerliebste Geschöpfchen und setzte meine Nachforschungen unbeirrt fort. Zweifelte ich doch jetzt, wo ich täglich mehr Geld auf Geld häufte, keinen Augenblick mehr daran, daß ich mein Ziel, durch eine Millionenheirat in Gold zu schwimmen, in kürzester Frist erreichen würde.

Denn ich beherrschte bereits die höchste gesellschaftliche Kunst, die vor allen anderen Eigenschaften den Erfolg verbürgt, — ich verstand zu *blenden*.

Während der letzten Jahre hatte ich begonnen die

Augen zu öffnen und die Welt um mich herum, auf den Rennbahnen, in den Theatern und Salons scharf und nüchtern zu betrachten. Immer mehr erkannte ich, daß selbst in dieser Republik, in der doch eigentlich alle sozialen Gegensätze ausgeglichen sein müßten, die Gesellschaft vor Reichtum, Rang und Titeln kriecht und blindlings das anbetet, was glänzt und besticht.

Ist man ein junger anständiger Mann und geht bescheiden zu Fuß durch die Straße, so kümmert sich keine Menschenseele um uns. Rekelt sich aber derselbe Jüngling kurz darauf als Gigerl bramsig in den Kissen einer pompösen Equipage mit Vollblütern davor und einem noch bramsigeren Kutscher auf dem Bock, oder rast er in einem knatternden, duftenden Auto wie ein flüchtiger Kassierer durch die Straßen, so bleibt dieselbe Menge, die ihn soeben hat achtlos vorübergehen lassen, wie verhext in grenzenloser Bewunderung stehen und schluckt noch immer selig seinen Staub, wenn das Töff-Töff schon längst in endloser Ferne verschwunden ist. — Erscheint ein bildhübsches junges Mädchen in dürftigem Fähnchen im Ballsaal, so werden kaum einige gutmütige Idealisten sich flüchtig mit dem Mauerblümchen beschäftigen. Kommt dasselbe junge Mädchen auf den nächsten Ball in einem Worth-Kostüm und hochmoderner Frisur, läßt sie durch klug bemessenen Ausschnitt sinnverwirrende Reize ahnen, und blitzt sie von Juwelen wie ein wandelnder Kronschatz, so wird man sofort dieselben Kavaliere, für die sie unlängst erst vollständig Luft gewesen ist, in Scharen um sie herumschwänzeln und sich gegenseitig auf die Lackstiefel treten sehen, um ihr zu huldigen und einen Sonnenstrahl ihrer Gunst zu erhaschen. Mundus vult decipi, oder deutsch: Die Dummen werden nicht alle.

Genau so lagen die Verhältnisse auch bei mir. Ganz im Anfang, als ich in meiner Verbrecherlaufbahn kaum erst flügge war und noch nicht Geld genug zusammengegaunert hatte, um die Leute zu blenden und ihnen den nötigen Sand in die Augen zu streuen, wurde mir das Stehlen unendlich schwer gemacht. Die Händler, die ich als ganz gewöhnlicher Fußgänger oder bestenfalls in simpler Droschke in meinem bescheidenen, wenn auch tadellosen Anzug aufsuchte, gaben sich selten die Mühe, mir eine größere Auswahl ihres Lagers vorzulegen, in der Meinung, daß es sich doch nicht lohnte, sich für einen so anspruchslos aussehenden Kunden die Beine auszureißen, — vielleicht auch mit dem heimlichen Hintergedanken, daß dieser schlichte und höflich auftretende junge Bursche möglicherweise ein Spitzbube wäre.

Später, als mir das Geld zuströmte und ich in meiner Mietequipage, hochmodern gekleidet, den Zylinder auf dem Kopf und das Monokel im Auge bei meinen trefflichen Lieferanten, und zwar häufig genug bei denselben Juwelieren vorfuhr, die ich wenige Monate vorher demütiglich besucht und geprellt hatte und die mich natürlich nicht wiedererkannten, waren diese Idioten plötzlich wie umgewandelt und legten mir sofort in ihrer verblendeten Demut ganze Berge ihrer wertvollsten Schmuckstücke so hin, daß ich meine Beute in denkbarster Bequemlichkeit fast vor ihren Augen einsacken konnte.

Und noch später, als ich eine eigene Equipage und einen Diener hatte, der feierlich meine wappengekrönte Karte den Edelsteinhändlern in ihr Bureau brachte, verloren diese Hampelmänner weit über jede Erwartung den Kopf. Sie beeilten sich, ihren gesamten Vorrat an Steinen, ihr ganzes Hab und Gut, fast die Arbeit ihres Lebens in Bergen vor mir zur Auswahl aufzuhäufen; sie ließen mich in unbedingtem Vertrauen nach Belieben in diesen Schätzen herumwühlen und aussuchen und rieben sich vor Befriedigung heimlich die Hände, während ich ihnen dicht vor der Nase Stein auf Stein, Tausende um Tausende stahl.

Man sollte doch meinen, daß solche alten, gewiegten Kaufleute ihre hauptsächlichste geschäftliche Erfahrung: je pompöser die Aufmachung, desto wertloser der Inhalt, — je lärmender die Reklame, desto bedenklicher die Ware — auch auf die Menschen übertragen, denen sie ihr Vertrauen schenken. Man sollte glauben, daß sie sich bewußt sind, wie schwer, ja wie unmöglich heute die Aristokratin von der eleganten Halbweltsdame, der Millionär vom Hochstapler zu unterscheiden ist. Aber ich weiß aus langer Beobachtung das Gegenteil. Vom stolzen Kaufmann bis zum biederen Droschkenkutscher, vom hochmütigen Kavalier bis zum flinken Lift-boy, — sie alle fliegen wie die Mücken ins Licht und lassen sich durch jeden Humbug blenden, betölpeln, bestehlen, während sie sich wunder wie lebensklug und weise vorkommen, wenn sie alle anständigen, ehrenhaften Menschen so lange als Halunken betrachten, bis diese ihnen das Gegenteil bewiesen haben...

IX

Anfang Januar 1889 — als ich also noch nicht einmal achtzehn Jahre alt war — machte ich im Bois de Boulogne die Bekanntschaft einer gefeierten Demimondaine, namens Andrée de V.... Obwohl sie nicht gerade von blendender Schönheit war, hatte sie doch etwas ungemein Gewinnendes und besaß tadellose Formen, eine Eigenschaft, die bei derartigen Frauen immerhin nicht die Regel ist.

Obgleich sie aus bescheidenen Verhältnissen stammte — ihr Bruder war Droschkenkutscher — hatte sie sich doch eine solche Erziehung angeeignet, daß sie sich ohne Scheu an jeder Hoftafel hätte sehen lassen können.

Allerdings muß ich bemerken, daß ein bekannter englischer Lord, der Andrée von ihrer Jugend an liebte, sie protegierte und in die große Welt einführte, sie mit allen Mitteln, die sein ungeheurer Reichtum ihm gestattete, von den besten Lehrern ausbilden ließ.

Nach dem Tode ihres englischen Lords führte Andrée de V..., obwohl er ihr ein großes Vermögen hinterlassen hatte, ein ziemlich bewegtes Leben, wie es so viele selbst hochstehende Pariserinnen oder in Paris lebende Damen tun, teils nur um sich zu amüsieren, teils um ihren Leidenschaften zu frönen. Dennoch war diese Andrée de V..., die zu jener Zeit, vier Jahre nach dem Tode ihres Lords, bereits siebenundzwanzig Jahre zählte, niemals zur Kokotte im eigentlichen Sinne herabgesunken und trotz mancher Liebesabenteuer nicht, wie man zu sagen pflegt, von Hand zu Hand gegangen.

Als ich sie kennenlernte, war sie eine bekannte Pariser

Erscheinung, besaß ein Haus in der Nähe der Champs-Elysées, Wagen und Pferde und ein gesichertes Einkommen von 40 000 Francs jährlich. Sie hatte es also nicht nötig, auf das Wenige, was ich ihr mit meinen Mitteln bieten konnte, zu spekulieren.

Schon bald nach unserer ersten Bekanntschaft fühlte ich eine lebhafte Zuneigung zu diesem Mädchen, und zwar weniger für ihr Äußeres als für ihre Art, sich zu geben, ihr liebenswürdiges Wesen, ihre Offenheit und Güte. Ich verkehrte fast täglich mit ihr. Wir nahmen unsere Mahlzeiten zusammen, fuhren in meinem oder ihrem Wagen in den Bois, verlebten den Abend in irgendeinem Theater, und jeder von uns beiden wünschte, daß dieses Leben niemals ein Ende nehmen möge.

Ich besaß zu jener Zeit noch nicht die Umgangsformen der großen Welt, die unbedingt für mich nötig waren, wenn ich meine Rolle als Lebemann im großen Maßstabe mit Erfolg durchführen wollte. Andrée bemerkte daher vom ersten Tage an, daß ich, wenn auch ein guter Junge, an Bildung und Erziehung doch noch viel zu wünschen übrig ließ.

Wie eine zärtliche Schwester unternahm sie es, mir nach allen Seiten hin Lehren und Ratschläge zu geben, — bald bei Tisch, wenn ich mich nachlässig hielt oder nicht korrekt aß, bald in der Loge, wenn ich mich über einen guten Witz vor Lachen schüttelte, bald, wenn ich in den Salons der Welt, wo man sich nicht langweilt, gründlich »vorbeihaute«. Immer wieder verbesserte mich dieses brave Mädel mit unendlicher Geduld und zeigte mir, wie ich mich richtig zu benehmen hätte.

Innerhalb eines Jahres hatte sie mich zum Mann von Welt erzogen.

Aber trotz dieser liebevollen Hingabe ließ Andrée doch bisweilen die Tochter Evas erkennen. Von allen Frauen, die ich während meines stürmischen Lebens kennengelernt habe, hat keine jemals meine geheimnisvolle Beschäftigung gekannt; und auch Andrée wußte nichts von meinem Privatleben und hatte keine Ahnung, wovon ich lebte und was ich überhaupt in Paris trieb. Das quälte sie unbeschreiblich, und so oft sie den »psychologischen Moment« für gekommen hielt, versuchte sie unter tausend Zärtlichkeiten und Schmeicheleien mich zu überreden, meiner »kleinen Andrée«, die ja wie eine Freundin und Schwester für mich empfinde, zu verraten, warum ich so häufig still, nachdenklich und melancholisch wäre, und die Last, die ich ganz zweifellos auf meinem Herzen hätte, auf ihres abzuwälzen.

In solchen Augenblicken war Andrée tatsächlich unwiderstehlich, und auch der heilige Antonius würde ihr wohl gebeichtet haben. Aber da ich leider nicht Antonius und noch viel weniger ein Heiliger war, so blieb ich auf meiner Hut und ließ mich in meinem Mißtrauen gegen alle Welt und noch tausendmal mehr gegen alle Frauen nicht beirren. Denn obwohl ich erst achtzehn Jahre alt war, hatte ich doch schon Gelegenheit genug gehabt, dieses reizende Geschlecht aus hinreichender Nähe kennen zu lernen, um zu der unerschütterlichen Überzeugung zu gelangen, daß die Frauen niedliche kleine Geschöpfe seien, die man als köstlichen Nippes und Bibelots lieben und verhätscheln, denen man aber ebensowenig wie einer Grammophonplatte Geheimnisse anvertrauen darf.

Anfänglich hielt sich meine kleine Freundin noch nicht für geschlagen und kam immer wieder auf ihre Absicht zurück; aber ich war ebenso zäh wie sie, und je hartnäckiger sie wurde, desto schweigsamer und verschlossener wurde ich.

Endlich, nachdem sie mich monatelang fast täglich in gleicher Weise bestürmt hatte, sah sie ein, daß sie niemals bei mir zum Ziele kommen würde, und gab die Partie endgültig auf.

Wir lebten trotzdem auch fernerhin in den denkbar freundlichsten Beziehungen und hingen in gegenseitiger Sympathie aneinander. Aber merkwürdigerweise äußerte sie immer häufiger ihre Sorge, daß unser Glück nicht ewig währen könnte und wir uns über kurz oder lang trennen müßten. Und obgleich ich mich Zeit meines Lebens, wie über so viele blödsinnige Vorurteile des menschlichen Gehirns, so auch über Aberglauben und Vorahnungen lustig gemacht habe, konnte ich selbst zu meinem Staunen denselben Gedanken nicht loswerden.

Leider bestätigte sich auch nach dreizehnmonatlichem Zusammensein unsere Ahnung. Als sie Ende Februar 1890 eines Morgens im Bois spazieren ritt, glitt ihr Pferd am Arc de Triomphe aus und begrub sie unter sich, so daß sie einen komplizierten Beinbruch erlitt und monatelang an das Bett gefesselt blieb. Fast zu gleicher Zeit — im April desselben Jahres — wurde ich arretiert und in das Gefängnis gesteckt, das ich erst nach vier Jahren, am 1. Juli 1894, verließ. An diesem Tage stand dieses prächtige Weib um acht Uhr morgens vor der Tür meines Gefängnisses in Gaillon und empfing den entlassenen Sträfling mit offenen Armen.

Wir begaben uns zusammen nach Paris. Sie führte mich in ihr Heim, pflegte und päppelte mich und erwies mir alles Gute, was nur in ihren Kräften stand. Andrée war also noch immer die Alte, noch immer die Güte selbst; nur äußerlich hatte sie sich verändert, da ihr Bein steif geblieben war. Ich aber hatte in diesen vier Jahren so unsäglich viel physische und moralische Qualen durchlebt, daß ich in meinem ganzen Wesen ein anderer, neuer Mensch geworden war.

So standen wir uns denn trotz aller Liebe ein wenig fremd gegenüber, und nach kurzer Zeit fuhr ich nach Rumänien, um mein mütterliches Erbteil zu erheben, während sie an die See ging.

Erst nach langen Jahren sahen wir uns als alte Freunde wieder, und keinem von uns beiden kam es in den Sinn, die einstigen engen Beziehungen wieder anzuknüpfen.

X

Nachdem Andrée de V... das Unglück beim Reiten zugestoßen war, wandte sich trotz meiner Anhänglichkeit an sie mein abenteuerliches, unbeständiges Herz rasch einer anderen Frau zu. Ich hatte zu dieser Zeit in dem Salon einer Herzogin, die eng mit einem regierenden Hause verwandt war, eine Baronin E..., eine junge Witwe von zwanzig Jahren kennengelernt, und schon nach einer Bekanntschaft von nur vierzehn Tagen waren wir ein Herz und eine Seele.

Sie war eine schlanke, hochgewachsene, bildschöne Frau von romanischem Typus, ihr Teint zart und ungewöhnlich rein. Ohne das glänzende Feuer ihrer braunen Augen, die immer weit offen gerade vor sich hinblickten, ohne die stolze Flut ihres tiefschwarzen Haares und die graziöse Biegsamkeit ihrer überschlanken Taille hätte man sie für eine jener römischen oder griechischen Statuen halten können, vor denen einstmals die Völker betend im Staube lagen.

Wir waren beide ziemlich gleich alt und besaßen die gleiche unvollkommene Lebenserfahrung und dasselbe zügellose Temperament; denn sie stammte aus dem südlichen Frankreich und ich aus Halbasien.

Obgleich sie bereits mit siebzehn Jahren einen Offizier der französischen Kriegsmarine geheiratet hatte, der zwei Jahre später in Indochina am gelben Fieber gestorben war, also schon seit einigen Jahren in der großen Welt verkehrte, glich sie in ihrem Äußeren und ihrem Wesen doch noch ganz einem jungen Mädchen. Als wir uns zum ersten Male gegenübertraten und unsere Blicke ineinander tauchten, durchzuckte es uns beide wie ein Blitz.

Die Herzogin stellte mich selbst ihr vor und ließ uns — wohl nicht ganz ohne Absicht — gleich darauf in einem ihrer zahlreichen Räume allein.

Während wir Seite an Seite in dem stillen, träumerischen Salon auf einem zierlichen Sofa saßen, konnten wir ganz nach Wunsch — wenn auch mehr mit Blicken als mit Worten — uns den plötzlichen, unwiderstehlichen Eindruck, den wir gegenseitig empfunden hatten, bekennen. Und von diesem ersten Tage an liebten wir uns leidenschaftlich, besinnungslos. Sie war frei, unabhängig und reich, ich war ebenfalls »auf freiem Fuße«, unabhängig und augenblicklich bei Kasse.

Wir hatten beide die Absicht uns zu heiraten; denn obwohl sie nicht über die halbe Million Rente verfügte, auf die ich mich versteift hatte, besaß sie doch ein stattliches Vermögen in Pariser Häusern und Hypotheken in Höhe von etwa sechs Millionen Francs, — ein Kapital, mit dessen Zinsen man sein Leben fristen konnte.

Aber bei dieser ersten Chance meines Lebens, mich reich zu verheiraten, ließ mich das Glück treulos im Stich. Die junge Baronin hatte noch einige Wochen Trauer; wir mußten uns infolgedessen mit der Trauung etwas gedulden und zu der Zeit, wo endlich die Eheschließung stattfinden sollte, dreieinhalb Wochen nach unserer ersten Bekanntschaft, war ich für vier Jahre hinter Gefängnismauern verschwunden. Dennoch waren diese drei Wochen, die wir im März 1890 zusammen verlebten, für mich — und ich glaube trotz der nachfolgenden Ereignisse sagen zu dürfen, auch für sie — ein einziger Liebesrausch.

Aber die Bäume wachsen nirgends in den Himmel. Und nur zu bald mußte ich erkennen, daß auch dieser entzückenden Frau das »Allzumenschliche« nicht fremd war.

Sie war eben im Grunde nicht besser und nicht schlechter als alle anderen ihres Geschlechts seit Evas Zeiten. »Es ist keine List über Frauenlist,« sagt schon die Bibel. Obgleich sie mir Tag für Tag ihre unsinnige Liebe zuschwor, bemerkte ich leider doch nur zu bald, daß dieses kleine süße Geschöpf vor allem eins unsinnig liebte, und zwar die Veränderung.

Ich weiß nicht, ob es die zahlreichen in Paris lebenden und mit ihr verkehrenden Amerikanerinnen gewesen sind, die sie die Kunst des Flirtens lehrten, — in jedem Falle liebte und beherrschte die kleine Baronin diesen Sport bis zur Vollendung und betrieb ihn mit unverkennbarer Leidenschaft.

Ich hatte sie längst in bestimmtem Verdacht, als ich Ende März 1890, vierzehn Tage vor meiner Verhaftung, den sicheren Beweis ihrer Schuld erhielt. An diesem Tage war ich mit einigen Freunden nach Fontainebleau gefahren, während die Baronin unter dem Vorwande, Empfangstag zu haben, in Paris zurückgeblieben war.

Es war verabredet, daß ich erst am nächsten Tage zurückkommen würde, und so wagte es meine kleine Braut, nach beendetem Empfange — obwohl ich die Schlüssel zu ihrer Wohnung besaß — einen jungen ausländischen Diplomaten zu Tisch bei sich zu behalten. Ich hatte bereits seit einigen Tagen beobachtet, daß sie mit diesem Grafen geradezu maßlos kokettierte.

Aus diesem Grunde hatte ich mir vorgenommen, mir diese nach meinem Geschmack allzu lebhafte »Freundschaft« etwas näher anzusehen.

Ohne deshalb meinen Freunden den Grund zu verraten, nahm ich in Fontainebleau sofort den Zug nach Paris und fuhr, hier angelangt, zu dem Hotel der Baronin.

Mit den örtlichen Verhältnissen vollkommen vertraut, drang ich über die Hintertreppe in die Wohnung meiner Zukünftigen und gelangte, ohne eine Menschenseele zu treffen, bis zu der Tür ihres Schlafzimmers.

Mein Argwohn fand eine für meine Eigenliebe geradezu scheußliche Bestätigung. Obgleich ich sonst nicht zu horchen pflege, machte ich doch für eine Minute vor dem Eintreten in das Zimmer Halt und hörte im selben Augenblick, wie meine zukünftige Frau einen fremden Mann keuchend mit einer Flut von Liebesschwüren überschüttete. Am niederträchtigsten war es, daß diese glühenden Schmeichelworte genau dieselben waren, die ich noch am Tage vorher zu meinem Ruhme von ihren Lippen vernommen hatte.

Ich bin ziemlich stolz auf meine Ruhe, die mich fast nie verläßt. Aber in diesem Augenblick sah ich doch rot.

Ohne zu zögern, sprengte ich mit einem Druck meiner Schulter die Tür, und stand wie vom Himmel gefallen vor den beiden Turteltäubchen.

Die kleine Baronin, die mich zuerst erblickte, stieß einen gellenden Schreckensschrei aus, aber ehe sie noch Zeit hatte eine Bewegung zu machen, starrten ihr und ihrem Adonis die Mündungen zweier Revolver entgegen.

Es war eigentlich für uns alle drei ein Verlegenheitsmoment,— und zwar nicht zum wenigsten für mich; denn ich war mir nicht klar, ob ich den beiden den Kopf zerschmettern oder mich auf eine andere Art rächen sollte.

Eine Sekunde lang überlegte ich, dann hatte ich meinen Entschluß gefaßt.

Der Graf war ein sehr hübscher, blonder, junger Mann mit prachtvollem Haar, stattlichem, hellblonden Vollbart und wundervollem Schnurrbart, der ihm ausgezeichnet stand. Er war auch, wie ich wußte, auf seinen männlichen Schmuck so stolz wie eine Frau auf ihre Brillanten.

Er hatte meine Eitelkeit auf das tiefste verwundet und ich war entschlossen, ihm seine Tat in derselben Münze, und zwar so nachdrücklich und kränkend für ihn wie nur möglich heimzuzahlen. Indem ich ihn beständig mit meinem Revolver fest hielt, herrschte ich meiner heulenden Exbraut zu, in ihr benachbartes Ankleidezimmer zu gehen und mir mein dort befindliches Toilettennecessaire zu bringen. Ich versprach ihr, daß sie, sobald sie auch nur den leisesten Laut ausstieße oder den Versuch zur Flucht wagte, ein Kind des Todes sein würde.

Sie kannte mich doch schon zu genau, um auch nur einen Augenblick auf den Gedanken zu kommen, daß sie mich täuschen könnte. Sie holte also völlig perplex das Toilettennecessaire, während der Russe in seiner ebenso peinlichen wie lächerlichen Lage noch immer wie vom Schlage gerührt dastand. Er wußte zweifellos, daß ich irgend etwas Beschimpfendes gegen ihn plante, und seine Verwirrung war um so größer, als er sich absolut nicht denken konnte, was ich vorhatte.

Während ich mit der einen Hand immer noch auf ihn zielte, öffnete ich das mir gebrachte Rasierbesteck und schob es ihm mit dem Befehl zu, sich sofort seinen Vollbart und Schnurrbart abzunehmen, wenn er nicht wolle, daß ich ihn ohne weiteres wie einen tollen Hund niederschieße.

Er blickte mich entsetzt an und beschwor mich mit kaum verständlicher, heiserer Stimme, ihm diese Tortur doch zu ersparen. Als ich mich bestimmt weigerte, stieß er einen Fluch aus und stürzte sich auf mich, um mich zu entwaffnen. Aber er hatte sich in mir geirrt; kaum sah ich seine Bewegung, so schoß ich ihm den Revolver hart vor dem Gesicht ab. Freilich trug ich dabei Sorge, ihn zunächst noch nicht zu treffen.

Jetzt mischte sich »unsere« kleine Baronin ein, warf sich zwischen uns und flehte bald mich an, ihn nicht zu töten, bald ihn, mir zu gehorchen. Sie schwor ihm zu, daß ich fähig sei, sie beide in meiner Wut umzubringen.

Nochmals versuchte der Graf seinem Schicksal zu entgehen. Wenn ich ein Gentleman wäre — stammelte er — und einen Funken von Kavaliersehre im Leibe hätte, so müßte ich mich mit ihm schlagen, statt eine solche Schandtat zu begehen und mit der Waffe ihn, den Wehrlosen, zur eigenen Verunstaltung zu zwingen. Ich maß ihn von Kopf bis Füßen; dann antwortete ich ihm eisig, daß meine Devise »Auge um Auge, Zahn um Zahn« sei. Er habe mir feige, hinter meinem Rücken die erste Schandtat zugefügt; sie gäbe mir das Recht, ihn als Schurken und Dieb zu behandeln. Deshalb sei es auch nicht mit dem Abnehmen des Bartes abgetan, sondern er müsse, wenn er noch länger leben wolle, sich auch den Kopf von mir scheren lassen. Ich würde hierbei den Revolver einstecken; wenn er aber auch nur eine einzige Bewegung mache, würde er, die Baronin und ich morgen auf den Marmortafeln der Morgue liegen. Denn für mich habe dieses Leben keinen Wert mehr, das er mir durch den Raub meiner Braut vergiftet.

Jetzt endlich sah der Graf ein, daß er seinem Schicksal nicht entgehen konnte; ohne ein Wort noch zu verlieren, näherte er sich totenblaß dem Spiegel, schnitt sich mit einer Schere den Bart ab und rasierte sich die Stoppeln weg. Dann bat er mich fast schluchzend, ihm wenigstens den Schnurrbart zu lassen; und wieder antwortete ich ihm: Auch er habe mir nichts von meinem ganzen Glück gelassen, — Auge um Auge, Zahn um Zahn!

Jetzt schien er plötzlich mit seiner Willenskraft zusammenzubrechen. Der Schnurrbart fiel. Dann ließ ich ihn auf einem Stuhle Platz nehmen und begann mein Werk als »gerichtsvollziehender Friseur«.

Mit dem Kamm und der Schere, die vor mir lagen, schnitt ich ihm seine Blonden Locken ab und verwandelte seinen schönen Puppenkopf in das Haupt eines elenden Galeerensträflings.

Ich forderte den Grafen auf sich anzuziehen und warnte ihn, auch nur mit einer Bewegung sich zwischen mich und die Frau, der er seinen Schimpf zu verdanken habe, zu mischen.

Jetzt kannte er mich; ich hatte nichts von ihm zu befürchten.

Ich packte die Baronin bei ihrem langen Haar, das sich während dieser Szene und wahrscheinlich schon bei ihrem Kosen gelöst hatte und sie wie ein Mantel umhüllte, und schnitt es ihr, ohne einen Kamm zu nehmen, hart am Kopfe ab. Kaum hatte ich den ersten Schnitt getan, als sie wie verzweifelt zu wimmern und zu schluchzen begann. Ich achtete nicht einen Moment auf ihren weniger physischen als moralischen Schmerz, sondern hörte nicht auf, bis die letzte Strähne ihres Haares am Boden lag.

Als der Russe sah, wie weit ich meine Rache trieb, blieb er unbeweglich, wie gelähmt, mit unnatürlich weit geöffneten Augen stehen, als ob er plötzlich zum Idioten geworden wäre.

Die Baronin lag ohnmächtig am Boden.

Sie sahen beide wie Totenköpfe aus.

Ich befahl jetzt dem Grafen, seinen Hut zu nehmen und mit mir das Haus zu verlassen.

Wir gingen einträchtig zusammen die Treppen hinab. Er hatte den Kragen seines Mantels hoch geschlagen und den Hut bis auf die Ohren gedrückt, während ich, den Paletot über dem Arm und den Hut in der Hand, ihn mit ironischer Höflichkeit durch die Tür des Hauses begleitete, das er vor wenig Stunden betreten hatte, um mit dem Weibe zu kosen, das meine Verlobte war, um mich mitten in das Herz zu treffen.

An der Haustür empfahl ich ihm mit schroffen Worten, im allseitigen Interesse nichts von dem zu verraten, was sich dort oben soeben abgespielt habe. Aber der Graf, der eben noch vor Feigheit geschlottert hatte, glaubte jetzt, auf offener Straße, in größerer Sicherheit zu sein. Er trat einen Schritt zurück und spie mir mitten in das Gesicht. Noch hatte er die Lippen nicht wieder geschlossen, als ich ihm bereits mit dem Griff meines Revolvers einen furchtbaren Schlag in den Mund gab, der ihm aus seinem wirklich schönen Gebiß zwei Zähne ausbrach; das Blut floß ihm in Strömen aus seinem Munde, der mich so tückisch beschimpft hatte. Ich dachte nichts anderes, als daß er sich jetzt wie ein Rasender auf mich stürzen würde; aber plötzlich muß ihn von neuem die unsinnige Furcht gepackt haben, denn scheinbar ohne zu wissen, was er tat, floh er in rasender Eile die Straße hinab.

Ich habe die Baronin seit jenem Tage niemals in meinem Leben wiedergesehn, sie nie wieder kichernd, mit seltsam glimmenden Augen von dem »reizenden blonden Diplomaten« plaudern hören.

Denn als ich im Monat Juni desselben Jahres als Untersuchungsgefangener im Mazas-Gefängnis in Paris saß, las ich eines Tages, daß die Baronin E..., meine einstige Braut, an der Ecke des Boulevard des Capucines und der Rue Scribe von einem Omnibus der Linie Madeleine-Bastille totgefahren worden war.

In der Sorge um mein eigenes Schicksal war der Haß gegen sie schon längst in mir erloschen. Dieser plötzliche, frühe und elende Tod der Frau, die mir alles gewesen, ergriff mich daher auf das tiefste; und in der dunklen Zelle von Mazas saß ein armer Gefangener und weinte um eine Tote, die ihn schmählich betrogen hatte und die doch der Sonnenschein in seinem verlorenen Leben gewesen war...

La donna è mobile, — einige Jahre später sollte ich einen neuen Beweis von der Wahrheit diese Wortes erhalten.

Während eines achtzehnmonatlichen unfreiwilligen Aufenthalts in dem Zentralgefängnis zu Nîmes lernte ich im Jahre 1897 den Sohn eines Marseiller Bankiers kennen, der fünf Jahre Gefängnis abzusitzen hatte.

Da er zwei Jahre vor mir eingeliefert worden war, so kam er erst anderthalb nach mir heraus.

Obgleich ich mich im Gefängnis immer noch mehr zurückhielt als draußen in der Welt, schloß ich doch eine Art Freundschaft mit diesem jungen Mann, namens Jean D..., der eine gute Erziehung besaß, durchaus nicht dumm war und mir wiederholt Beweise seines guten Herzens gab.

Er war mein Nachbar in der Werkstatt für Holzpfeifen, in der wir beide beschäftigt wurden. Für gewöhnlich arbeiteten wir angestrengt und schweigend; wenn wir jedoch einmal das Glück hatten, einen gutmütigen Wärter zu haben, plauderten wir gern über unsere Absichten, Hoffnungen und Sorgen.

In einer dieser Unterhaltungen erzählte mir Jean, daß er die Strafe von fünf Jahren wegen einer Unterschlagung bekommen habe, die er in jugendlicher Unbesonnenheit zusammen mit seiner Schwester, einer schönen Blondine von zweiundzwanzig Jahren, auf Kosten eines Bankhauses in Grenoble beging, und daß auch seine Schwester zur Zeit eine Strafe von vier Jahren im Zentral-Frauengefängnis von Montpellier verbüße.

Später schlug mir mein junger Leidensgefährte folgendes vor: Sie hätten einen Bankier aus Toulon als Komplizen gehabt, der eine ihnen aus dem Raube noch zustehende Summe von 25 000 Francs einbehalten habe und sich weigere sie herauszugeben. Ich sollte mich daher nach meiner Entlassung mit seiner Schwester Luise in Verbindung setzen, sie bei ihrer Entlassung — sechs Monate nach der meinigen — am Tor des Gefängnisses in Empfang nehmen und diese Summe von dem Bankier mit Güte oder Gewalt zu erhalten suchen. Er versprach mir hierfür fünftausend Francs und die ewige Dankbarkeit seiner selbst und seiner Schwester.

Da ich mit Recht volles Vertrauen in den fünfundzwanzigjährigen jungen Mann setzte, nahm ich seinen Vorschlag mit Freuden an. Teils reizte mich die Eigenart des Auftrags, vielleicht auch lockte mich ein wenig die Bekanntschaft mit seiner Schwester, endlich aber trieb mich der in unseren Kreisen herrschende Haß gegen jeden Halunken, der seine Mitschuldigen zu betrügen sucht, zu dem Entschluß, die Sache durchzufechten.

Einige Zeit später, am 17. Juli 1898, erhielt Jean von

seiner Schwester Luise die Nachricht, daß ihr aus Anlaß des Nationalfestes am 14. sechs Monate ihrer Strafe erlassen worden wären und sie mithin schon am 20. August entlassen würde.

Da ich am 28. Juli meine achtzehn Monate hinter mir hatte, traf sich das ausgezeichnet.

Ich wurde an diesem Tage über Lyon an die Schweizer Grenze gebracht und dort freigelassen; sobald die französischen Gendarmen mir an der Grenzstation den Rücken gekehrt hatten und im Personenzug nach Frankreich abgedampft waren, fuhr ich im Expreß an ihnen vorbei nach Montpellier.

Man ersieht hieraus den unendlichen Nutzen, den die kostspielige Eskortierung landesverwiesener Sträflinge über die Grenze hat.

Ich kam am 30. Juli in Montpellier an und erholte mich dort — ich hatte es wirklich nötig! — drei Wochen lang.

Am 20. August sechs Uhr früh nahm ich Luise, die von ihrem Bruder benachrichtigt war, in Empfang.

Ich erkannte die hübsche, stattliche Blondine sofort unter den vier Frauen, die an diesem Morgen aus dem Tor des Gefängnisses schritten. Wir begrüßten uns wie alte Freunde, stiegen in meinen Wagen, den ich hatte warten lassen, frühstückten glänzend und nahmen um dreiviertel eins den Zug nach Toulon.

Am nächsten Tage um drei Uhr stand ich in dem Privatkontor des besagten Bankiers und überreichte ihm einen Brief von Jean, der ihn lakonisch aufforderte, seiner Schwester die 25 000 Francs auszuliefern, falls er nicht mit Pasquale Dombrini — das war ich! — nähere Bekanntschaft machen wollte.

Der Bursche antwortete mir mit eiserner Stirn, daß er

nicht die Ehre habe, Herrn Jean D... zu kennen und auf die Bekanntschaft des Herrn Pasquale Dombrini mit Begeisterung verzichte.

Ich sah sofort, daß ich hier von vornherein mit großen Mitteln arbeiten müßte. Es genüge, daß ich mir den Gemütsmenschen nach allen Regeln der Kunst »kaufte«; nach zehn Minuten war er kirre und hatte eingesehen, daß das Lieblingswort Bismarcks »A corsaire, corsaire et demi« auch unter Spitzbuben volle Geltung hat.

Am nächsten Morgen um halb zehn zählte er Luise und mir fünfzig Scheine à 500 Francs auf den Tisch. Nachdem Luise diese in die Tiefen ihrer Taille versenkt hatte, verließen wir ihn. Weder verlangte er Quittung von uns, noch wurde überhaupt ein einziges Wort zwischen uns gewechselt.

Ich erhielt laut unserer Vereinbarung von dieser Summe 5000 Francs.

Wie leicht vorauszusehen, gefielen Luise und ich uns gegenseitig, und da sie keine Lust hatte nach Marseille zurückzukehren, und ihr Bruder Jean noch für lange Zeit eingesperrt war, fuhren wir zunächst nach Nîmes, wo wir durch die Gefälligkeit eines gutbezahlten Wärters ihrem Bruder 10000 Francs zukommen ließen und von dort nach Genf. Hier verlor ich mein ganzes Geld im Spiel. Die Mittel des jungen Mädchens wollte ich nicht in Anspruch nehmen und ging deshalb in ein Hotel, um dort »Fourrage zu requirieren«.

Ob nun das junge Mädchen meiner schon überdrüssig geworden war oder ein anderer Mann ihr Herz entflammt hatte, ob sie sich nach finanziell besser situierten Freunden sehnte oder endlich infolge meiner Diebstähle aufs neue verhaftet zu werden fürchtete, — in jedem Falle entschloß sie sich, als sie die große Zahl von Schmucksachen in meinen Händen sah, die nur auf unehrliche Weise erworben sein konnten, von mir loszukommen. Anstatt sich offen mit mir auszusprechen oder mir einfach durchzubrennen, machte sie gründliche Arbeit und stattete der Polizei die Anzeige ab, daß ein ehemaliger Sträfling der Zentralanstalt Nîmes, den sie durch Zufall kennengelernt habe, Wertsachen in Händen habe, die sicher aus einem Diebstahl herrührten.

Obwohl der Hoteldiebstahl noch nicht amtlich gemeldet war, beeilte sich der Reviervorstand mich als vermutlichen Gauner festzunehmen und in das Gefängnis St. Pierre schaffen zu lassen.

Als der Bestohlene, der zuerst im Hotel ein großes Geschrei erhoben hatte, am nächsten Morgen mit mir konfrontiert werden sollte, stellte es sich zur grenzenlosen Verblüffung der löblichen Genfer Polizei heraus, daß er bereits am Tage vorher nachmittags mit dem Vieruhr-Expreß halsüberkopf Genf verlassen hatte und einfach verschwunden war, — und zwar, zum tiefen Schmerz der Behörde, ohne irgendwelche Anzeige bei ihr erstattet zu haben.

Da er nach achttägigem Suchen und Telegraphieren noch nicht aufgefunden war, mußte ich natürlich in Freiheit gesetzt werden. Wo kein Kläger, ist auch kein Richter!

Ich brauche wohl nicht zu erwähnen, daß gleich nach der Denunziation auch meine teure Luise mit ihrer »ewigen Dankbarkeit« den Genfer Staub von ihren Füßchen geschüttelt hatte.

Ich suchte sie einige Zeit, aber sie war klug genug gewesen, über See nach Guatemala zu gehen.

Da ich aber niemals und keinem Menschen vergessen habe, was er mir Böses angetan hat, fuhr ich 1900 während meines Aufenthaltes in Amerika auch nach Guatemala, hörte hier jedoch, daß Luise, die infolge unserer Beziehungen einen Knaben geboren hatte, sich seit fünf Monaten in Hongkong befand.

Der Mutter verzieh ich, was ich dem Weibe nicht hatte vergeben können. Ich habe nie wieder etwas von ihr und ihrem Kinde gehört.

Ich möchte noch kurz erzählen, wie ich selbst durch Zufall den Schlüssel zu der geheimnisvollen Flucht des Bestohlenen in Genf erhielt.

Es war im Monat Oktober 1900 in einem der vornehmsten Klubs Londons, wo nicht wenige Hochstapler meiner Art Einlaß gefunden haben, als ich einer solchen Gruppe von Glücksrittern, die Maupassant so liebreich und treffend »die Aristokratie des Bagnos« nennt, dieses kuriose Genfer Erlebnis auftischte.

Während ich plauderte, lächelte einer meiner Genossen, ein Russe, auf ganz eigentümliche Art, indem er gespannt meinem Bericht lauschte. Nach kurzer Zeit fiel er mir ins Wort: »Sag doch einmal, Georges, war in diesem Koffer unter anderen Sachen nicht eine Schlipsnadel, Türkis mit Brillanten, ein Paar Ohrringe, Rubine mit Brillanten, und ein diamantenbesetzter Federhalter?«

Ich fragte, vollständig überrascht, woher er dies alles wisse. Denn seine Angaben stimmten genau mit den Tatsachen überein.

»Du infamer Gauner,« erwiderte er mir vergnügt, »*ich* war ja der Besitzer dieser Sachen, die du im Zimmer 36 gestohlen hast, und ich hatte sie drei Tage vorher in Interlaken einem amerikanischen Gesandtschaftssekretär stibitzt!«

Nun war mir freilich klar, warum der Bestohlene damals Genf so eilig verließ, und man kann sich denken, wie herzlich wir über den »betrogenen Betrüger« gelacht haben.

Das sind zwei Ereignisse meines Lebens, die meinen Enthusiasmus für das zarte Geschlecht wesentlich modifiziert haben.

Die furchtbarste Erfahrung meines Lebens, meine Einsperrung in das Irrenhaus Herzberge, wo ich heute noch wäre, wenn ich mich nicht inkognito entfernt hätte, verdanke ich einem Buffetmädchen, das mich verriet.

XI

Obwohl schon eine lange Reihe von Jahren her, steht meine erste Verhaftung mir doch unheimlich klar und unauslöschlich vor Augen. Sie erfolgte am 17. April 1890, als ich noch nicht neunzehn Jahre alt war.

Innerhalb zweier Jahre etwa hatte ich bereits sechsunddreißig Juweliere im großen Stile bestohlen — und zwar eine ganze Anzahl von ihnen zwei-, drei- und selbst viermal —, als ich mich an besagtem 17. April nach der Rue Montesquieu begab, um einen Juwelier, namens Dumurier, nach besten Kräften zu prellen.

Dieser Juwelier hatte die Gewohnheit, regelmäßig ein Café zu besuchen, in dem die Pariser Juweliere zusammenzukommen pflegten, um allgemeine Interessen ihres Standes zu besprechen, Konjunkturen zu erörtern und Absatz für größere Abschlüsse in Juwelen zu finden. Er war daher einige Tage vor meinem Besuch ebenfalls anwesend gewesen als zufällig festgestellt wurde, daß ein junger, schlanker, brünetter Mann von anspruchsvollem Auftreten sich bei auffallend vielen Kollegen eingefunden habe.

Ein Wort gab das andere, und es stellte sich nur zu bald heraus, daß er bei ihnen allen hatte Schmucksachen kaufen wollen, aber so gut wie nie seine Absicht ausgeführt hatte. Und endlich betonten verschiedene anwesende Edelsteinhändler, daß sie nach dem Besuch dieses jungen Mannes mißtrauisch geworden wären und bei Revision der vorgelegten Bestände das Verschwinden von ein, zwei und bisweilen mehr kostbaren Steinen konstatiert hätten.

Es wurden daher die Kollegen, denen dieser angenehme Kunde noch nicht seine Aufwartung gemacht hatte – unter ihnen Dumurier – aufgefordert, sobald dieser talentvolle Jüngling sich bei einem von ihnen einfände, ihn festzuhalten und die leidtragenden Kollegen sofort zu benachrichtigen.

Dies alles erfuhr ich natürlich erst aus der späteren Gerichtsverhandlung.

Ahnungslos und ohne das geringste Mißtrauen langte ich also um halb vier Uhr nachmittags bei Dumurier an, der einen Engroshandel in Edelsteinen betrieb. Ich war nach meinem Geschäftsprinzip auf das sorgsamste und eleganteste gekleidet – hochmoderner Überzieher, Chapeau claque, Stock mit goldenem Griff – und an Blasiertheit und Arroganz das Musterbild eines ebenso reichen wie unreifen Aristokraten.

Ich erklärte Dumurier, daß ich für eine neue reizende Freundin, die ich lancieren wollte, Schmucksachen zu kaufen wünschte und zunächst fünfzigtausend Francs dafür anlegen wollte.

Ich sah mit Fassung dem üblichen Freudenausbruch entgegen. Aber wider alles Erwarten blieb der Glanz meines pompösen Auftretens, der Schwung meiner wohleinstudierten Rede und die lockende Aussicht auf ein Bombengeschäft ohne den geringsten Eindruck auf mein verehrtes Vis-à-vis. Anstatt mit geschäftigen Händen seine Schätze vor mir aufzuspeichern, erwiderte er mir nur mit wenn auch sehr höflicher, so doch merkwürdig eisiger Stimme, daß er mich »bitte, Platz nehmen zu wollen«.

Noch immer ahnungslos, ließ ich mich im Hochgefühl meiner faszinierenden Eleganz wie hingegossen in einen Sessel fallen, bewunderte meine Lackstiefel und sah dem

Erscheinen der niedlichen Steinchen, unter denen ich »meine Auswahl treffen« wollte, mit würdiger Ruhe entgegen.

Plötzlich bemerkte ich, wie der Juwelier heimlich und in sichtlicher Erregung mit einem seiner Angestellten flüsterte, und blitzschnell, ohne jede längere Erwägung, wußte ich genau, daß dieser Mann da vor mir gewarnt war und soeben seinen Commis zu den anderen bereits von mir bestohlenen Juwelieren schickte.

Sofort war ich »klar zum Gefecht«.

Die Art und Weise, wie der Juwelier nun langsam und vorsichtig mir einzelne wenige Schmuckstücke vorzulegen begann und sich jede Auskunft förmlich aus den Zähnen ziehen ließ, bestärkte meinen Verdacht bis zur Überzeugung.

Ich war mir ohne weiteres klar, wie ich mich zu verhalten hatte. Erstens mußte ich natürlich auf jeden Diebstahl bei diesem Mann verzichten, zweitens aber — der bess're Teil der Tapferkeit ist Vorsicht! — so schnell als möglich das Freie zu gewinnen suchen.

Während der wenigen Minuten, in denen ich scheinbar die vorgelegten Schmuckstücke prüfte und Dumurier auf die Kollegen wartete, die mich rekognoszieren sollten, herrschte ein atemloses Schweigen und eine nervenerregende Spannung auf beiden Seiten.

Plötzlich hörte ich, wie in einem Nebenraum des Bureaus, in dem wir uns befanden, ein leichtes Geräusch entstand, und merkte an dem Rascheln hinter der Tür, daß mehrere Menschen durch das Schlüsselloch lugten. Und schon stürmten fünf Juweliere zu uns herein und riefen mir mit vorgehaltenem Revolver im Chor zu:

»Ah! da haben wir endlich den verfluchten Banditen!«

Trotz meiner prekären Lage verlor ich nicht einen Augenblick meine Ruhe. Ich entsinne mich sogar genau, daß mir die lächerliche Seite der ganzen Situation nicht entging und mich die fünf bewaffneten Helden unwillkürlich an die sieben Schwaben mit ihrem Spieß erinnerten: »Hannemann, geh du voran, du hast die größten Stiefeln an!« Ich erhob mich von meinem Stuhl, maß die fünf wandelnden Revolver von Kopf bis zu Füßen und antwortete:

»Wenn Sie Grund zu haben glauben, mir etwas vorzuwerfen, so lassen Sie mich verhaften! Aber merken Sie sich, daß ich mir von niemand eine Beleidigung gefallen lasse. Wer sich noch einmal erlaubt, mir ein Schimpfwort zuzurufen, wird es trotz seines Schießprügels bitter zu bereuen haben!«

Meine Sicherheit verfehlte ihren Eindruck nicht. Die tapferen Recken äußerten keinen Laut mehr und begnügten sich, zwei Schutzleute holen zu lassen.

Dieselben erschienen. Sie erklärten mich für verhaftet, legten mir ohne weiteres Handfesseln an und führten mich die Treppe hinab.

Vor Dumuriers Haustür hielt noch immer mein Wagen, eine prachtvolle, nagelneue, mit dunkelblauem Tuch ausgeschlagene Viktoria. Auf dem Bock saß majestätisch mein Kutscher in seiner tadellosen Livree von gleicher Farbe, weißen Lederhosen und Lackstiefeln mit gelben Stulpen; vor dem Wagen kauten sich zwei wundervolle ungarische Harttraber ab, die mich allein die hübsche Summe von 24000 Francs gekostet hatten.

Es muß ein seltsames Bild gewesen sein, wie ich, von zwei uniformierten Polizisten flankiert, aus der Tür trat, vor der meine Equipage auf mich wartete.

Mein Kutscher, der keine Ahnung von meinem Beruf hatte und nie in seinem Leben sich hätte träumen lassen, mich jemals in solcher Lage zu sehen, war wie vom Schlage gerührt und stierte totenblaß, mit weitaufgerissenen Augen auf seinen gefesselten Herrn, den je ein Schutzmann an jedem Arm gepackt hielt.

Ich rief ihm kurz zu:

»Vorwärts, François! Sie können nach Hause fahren!«

Der arme Kerl, den ich immer gut behandelt und glänzend bezahlt hatte, hatte mich ehrlich lieb und war mir wie ein Hund ergeben. Er begann zu weinen und vermochte kaum die Worte zu stammeln:

»Oh, Herr Georges! Wie ist das nur möglich?«

Ich antwortete ihm:

»Sei ruhig, mein alter Freund! Wir sehen uns bald wieder.«

François griff an den Hut und fuhr an; der Wagen entschwand meinen Augen, und mich schleppte man unter Begleitung einer hundertköpfigen Menge, die sich im Handumdrehn angesammelt hatte, über die Straße zum Polizeibureau.

Im Augenblick meiner Sistierung hatte ich noch in beiden Taschen meines Beinkleides einen Rubin und zwei Brillanten, die ich zwei Stunden vorher einem Diamantenhändler auf dem Boulevard Haussmann entwendet hatte. Trotz der scharfen Überwachung der Schutzleute, und obwohl die Juweliere uns hart auf den Fersen folgten, gelang es mir, unbemerkt die Steine herauszunehmen und fortzuwerfen.

Aber für Pech kann keiner! Triumphierend kam ein kleiner Junge vorgestürzt, der einen der Steine gefunden hatte, und übergab ihn mit einem Stolze, als ob er das

Vaterland gerettet hätte, als Corpus delicti meinen Begleitern.

Am 11. Juni 1890 stand ich zum erstenmal vor meinen Richtern.

Als ich als Sträfling die Stufen des Gerichtsgebäudes hinabstieg, fragte mich der greise Pförtner, der die Medaillen der Schlacht an der Alma, des mexikanischen, italienischen und anderer Feldzüge trug, lakonisch:

»Wieviel?«

Ich antwortete:

»Vier ...«

Er fragte noch einmal:

»Monate?«

Und ich erwiderte mit zusammengebissenen Zähnen:

»Jahre ...!«

Der alte Veteran in seinem Ehrenschmuck blickte mich blutjungen Menschen einen Augenblick wortlos an. Dann wandte er sich ab und sagte leise:

»Armer Junge!«

XII

Ich kam, wie erwähnt, noch fast als Kind in das Zentralgefängnis von Gaillon, mit einiger Kenntnis des Lebens in der Welt, aber ohne die geringste Ahnung vom Gefängniswesen, von der Macht, die rohe und ungebildete Menschen dort besitzen. Ich spreche hier natürlich nur von meinen Gesamteindrücken, denen zum Glück zahlreiche Einzelausnahmen gegenüberstehen, — aber da ich achteinhalb Jahre in den Gefängnissen fast aller Länder Europas einschließlich der Türkei »Studien gemacht« habe, glaube ich mindestens ebensogut wie jeder andere mein Urteil äußern zu dürfen.

Fast in allen Ländern stehen die Wärter, die die Aufgabe haben, Zucht und Ordnung in diesen Strafanstalten aufrecht zu halten, nach jeder Richtung hin auf der denkbar niedrigsten Stufe.

Schon bei der Aufnahme behandeln sie den Sträfling nicht mehr als menschliches Geschöpf gleich ihnen, sondern überschütten ihn mit Beschimpfungen und Demütigungen, zu denen das Gesetz sie in keiner Weise berechtigt. Hat jemand ein sanguinisches Temperament und wagt es, diesen Autokraten auch nur ein Wort zu erwidern, so ist er schon von vornherein »geliefert«. Von diesem Augenblick an wird er »geschliffen«, für die geringste Übertretung erbarmungslos bestraft, und, wenn nötig, falsche Meldungen abgestattet, um ihn zur Verzweiflung zu bringen und zum Widerstand zu reizen.

Das gilt von den französischen Gefangenenwärtern wie von fast allen anderen Europas.

Hierzu kommt, daß an den meisten der Anstalten, die ich kennengelernt habe, die höheren Beamten, Inspektoren, Direktoren, Ärzte u. a., obgleich sie ihrer Bildung nach menschlicher empfinden und verständnisvoller urteilen sollten, in Wahrheit genauso roh und unmenschlich sind wie ihr Musterpersonal. Ich möchte nur ein einziges Beispiel anführen.

Als Arzt fungierte im Zentralgefängnis von Gaillon ein Gewisser B..., der von normannischen Bauern stammte und beständig selbst darüber aus den Wolken zu fallen schien, sich in einem bürgerlichen Anzug, statt in blauer Bluse und Holzpantinen zu sehen. Dieser Mensch war geradezu ein Paradestück menschlicher Stupidität.

Obgleich ich mich infolge meiner vorzüglichen Gesundheit nur selten unpäßlich fühlte und daher nicht allzu häufig in Berührung mit ihm geraten bin, suchte ich ihn doch anfänglich einige Male auf, um bei kleinen Beschwerden seine ärztliche Hilfe zu erbitten. Denn für den Sträfling ist selbst die ärztliche Revierstunde als Abwechslung willkommen. Bei diesen Gelegenheiten empfing und behandelte mich B... so maßlos schroff, daß ich mich fest entschloß für den Rest meiner Strafzeit auf seine Hilfe zu verzichten.

Selbst als ich nach einem Aufenthalt von vierundfünfzig Tagen in den Oubliettes, den unterirdischen Gefängnissen von Gaillon, sechsunddreißig Meter unter der Erde in ewiger Dunkelheit und Nässe lag und von Krankheit erschöpft mit meinen Kräften gänzlich zu Ende war, sah ich mich doch lieber von Stunde zu Stunde dem Tode näherkommen, als daß ich dieses Vieh von Doktor hätte rufen lassen.

Erst die militärische Nachtrunde meldete meinen Zustand, so daß ich in das Lazarett geschafft wurde. Und solche Erlebnisse wie das meine waren in diesem Gefängnis keine Ausnahme, sondern an der Tagesordnung.

In den ersten Jahren, in denen ich Gelegenheit hatte das Gefängniswesen kennenzulernen, habe ich mir unzählige Male folgende Frage vorgelegt: Was zwingt eigentlich den Staat, solch rücksichtloses, oft rohes Personal anzustellen, — vorausgesetzt, daß er wirklich mit der Strafe eine Besserung, eine Läuterung des Gefangenen anstrebt? Laufen nicht in jedem europäischen Lande tausende und wieder tausende gebildeter Männer herum, die sehnsüchtig nach Stellung und Brot für sich und die ihrigen ausschauen, — gibt es nicht ein fest geprägtes Wort vom »akademischen Proletariat«? Man wende mir nicht ein, daß der Beruf des Gefangenenaufsehers solcher Männer unwürdig sei. Ist der Beruf des Gefängnisdirektors, des Anstaltsgeistlichen denn mit einem Odium verbunden? Sind die Offiziere und Unteroffiziere etwa zweiten Ranges, die in den Festungsgefängnissen eine eiserne Disziplin — man denke nur an die Zwangsjacke, die ohne Anwesenheit des Arztes gar nicht angelegt werden kann und darf! — aufrechterhalten? Was für das Straf-Aufsichtspersonal der Armeen gilt, wird im Zivil auch möglich sein. Hierzu kommt noch, daß jeder Stand durch die Würde seiner Vertreter gehoben wird; man denke nur an die Kunst, — an Komödianten wie Molière, der noch wie ein Hund verscharrt wurde, und seine Epigonen, die heute an des Fürsten Seite tafeln!

Wenn ich nun einen Vergleich zwischen den verschiedenen Ländern Europas ziehen müßte, so würde ich zu dem Resultat kommen, daß das Gefängnisleben sich überall so ziemlich wie ein Ei dem anderen gleicht, — allerdings wie ein faules Ei dem anderen. Denn hier wie dort ist man zwischen vier nackten Wänden hinter einer schweren, verschlossenen Tür eingesperrt, schwer windet man sich mit mehr oder weniger Appetit und sieht sich von Gewaltmenschen bewacht, die in der Auslegung und der Unterlegung einer mehr oder minder despotischen Gefängnisordnung jeden Danteforscher gründlich beschämen.

Was das System der Einzelhaft betrifft, so möchte ich behaupten, daß dieses nur bei schweigsamen, wenig geselligen Leuten von großer Selbständigkeit und ausgezeichneter Gesundheit angebracht erscheint; bei solchen Leuten, die zur Einsamkeit neigen, kann es immerhin noch menschlich genannt werden. Aber für Leute von schwachem Charakter, ohne eigene moralische Kraft, die gewohnt sind, sich über alles auszusprechen, in kleinen und großen Sorgen Rat und Teilnahme zu suchen, die in der Freiheit sich mit jedermann sofort anfreunden und gesellig plaudern, — für diese Leute ist die Einzelhaft eine barbarische, raffinierte Tortur. In Italien zum Beispiel, wo dieses System sehr beliebt ist, sind die Gefangenen, die eine Reihe von Jahren in der Einzelzelle verlebt haben, nicht nur physisch herabgekommen, sondern dreiviertel von ihnen niedergebrochen und ein guter Teil komplett verrückt geworden.

Aber ich möchte auf Grund meiner eigenen Erfahrung und der meiner Freunde in anderen Gefängnissen doch sagen, daß das Gefängniswesen Frankreichs an sich zweifellos das beste, gerechteste und menschlichste von allen ist. Zwar ist in diesem Lande das Reglement vielleicht strenger als anderwärts, doch erscheint dies mit Rücksicht auf den Volkscharakter und die leichte Erregbarkeit des Franzosen in gewissem Grade berechtigt. Dagegen kann der Gefangene durch Fleiß und Anstelligkeit bei der langen Arbeitszeit von halb sechs Uhr morgens bis acht Uhr abends vier und selbst fünf Francs per Tag verdienen; von diesem Verdienst gibt er die Hälfte für seine Erhaltung dem Staat, ein Viertel wird ihm in einem Sparkassenbuch gutgeschrieben und am Tage seiner Befreiung ausgezahlt, und das letzte Viertel kann er sofort verwenden und sich Lebensmittel und in beschränktem Umfange sogar Wein dafür kaufen. So vermag er in bescheidenem Maßstabe seine Gesundheit zu pflegen, sich seine physischen Kräfte zu erhalten, die ihm allein neuen Verdienst in seiner Haft ermöglichen und am Tage seiner Befreiung als kräftiger Mann entweder sofort Arbeit zu finden, oder im anderen Falle mit seinen Ersparnissen in der Tasche der nächsten Zukunft mit Ruhe entgegenzusehen.

Das englische System der Bestrafung ist dem Frankreichs beinah gleich zu stellen; denn wenn auch die Gefängnishaft in England nicht gerade zu den begehrtesten Vergnügungen zählt, so steht sie doch weit mehr im richtigen Verhältnis zur Schuld wie anderwärts. Eine Strafe, die einem in Frankreich fünf Jahre einbringt, wird unter ganz gleichen Verhältnissen und bei denselben Vorstrafen in England mit fünfzehn Monaten Zwangsarbeit bestraft. Und was diese »hard labour« betrifft, so darf man nicht vergessen, daß die Engländer wuchtige Worte lieben und diese Zwangsarbeit schließlich nicht schlimmer ist als beispielsweise das Schweizer Zuchthaus.

In vielen anderen Ländern Europas dagegen untergräbt der Gefangene durch harte Arbeit und schlechte Kost seine Gesundheit und wird durch die langjährige unmenschliche Behandlung verbittert. Und da er beim Verlassen des Gefängnisses nur selten sofort Arbeit findet und nur wenige Pfennige in der Tasche hat, packt ihn Verzweiflung und Empörung, und er zögert keinen Augenblick, von neuem Verbrechen zu begehen, um nur allzu bald in den Kerker zurückzukehren, den er soeben erst verlassen hat.

Während meiner Gefängnishaft in Gaillon hatte ich Zeit genug, über meine Vergangeheit, meine Hoffnungen und Ziele nachzudenken, — besonders in den unterirdischen Oubliettes, in denen ich Disziplinarstrafen von dreißig bis neunzig Tagen verbüßen mußte. Es ist eine furchtbare moralische und physische Qual, monatelang ohne Unterbrechung in der Dunkelheit mit nackten Füßen auf den eiskalten Steinen auszuhalten, bei siebenhundertfünfzig Gramm Brot und einem Krug Wasser als tägliche Nahrung, während dieser ganzen Zeit nachts auf dem Strohsack mit einer dünnen Decke ohne Kopfkissen zu liegen, — als einzige geistige Nahrung nur seine eigenen Gedanken zu haben und immer nur zu denken und immer wieder zu denken und zu grübeln! Ich mache kein Hehl daraus, — ich habe dort entsetzlich gelitten; aber wenn mir auch für Augenblicke der Mut schwankte, zusammengebrochen bin ich doch niemals.

Während ich dort Tag für Tag auf den schlüpfrigen Steinen niedergehockt saß, sah ich trotz der tiefen Nacht um mich herum doch meine Zukunft klar vor meinen Augen stehen, und ich wäre physisch und moralisch verkommen ohne die Ermahnungen, die ich selbst an mich richtete.

Aber so ganz ließ der Appell an meinen Mut die innere Stimme der Reue doch nicht verstummen, und immer wieder trieb mich der Gegensatz zwischen einst und jetzt, der Gedanke an die goldene Freiheit dort draußen jenseits der festen Granitmauern, die Freuden und Leiden meiner Existenz abzuwägen.

Immer mehr begann ich in den langen Monaten meiner Haft meine »Profession« zu verabscheuen, — nicht etwa weil ich moralisch mich zu meinem Vorteil veränderte, sondern weil die beständige Komödie und Lüge, in der mein Leben sich bisher bewegt hatte, mich immer stärker abstieß, die schwere Strafe, die ich für meine Taten verbüßte, immer drückender auf mir lastete.

XIII

Wie alle armen Teufel, die möglichst rasch zu Geld kommen möchten, oder wie die Besitzer eines kleinen Vermögens, die sich mit einem Zauberschlag als Millionäre sehen wollen, glaubte auch ich, sobald ich einige zehntausend Francs übrig hatte, das Glück bereits im Nacken gepackt zu haben. Ich war mithin vollständig überzeugt, daß ich gar nichts Besseres mit meinen Schätzen machen könnte, als sie am Trente-et-Quarante-Tisch oder am Roulette im Handumdrehn zu verhundertfachen und mit dem zweifellos meiner harrenden ungeheuren Vermögen die Welt als Nabob zu beherrschen...

Mein erster Kreuzzug in das gelobte Land des Goldes fand im Dezember 1889 statt. Damals war soeben die Pariser Weltausstellung geschlossen worden, in der die ganze Industrie der Welt miteinander gerungen und manche goldene Medaille davongetragen hatte. Wenn es auch nur eine Spur von Gerechtigkeit auf dieser Erde gäbe, so hätte ich eine solche Auszeichnung in erster Linie erhalten müssen, denn meine diskrete Privatindustrie, die ich während der Zeit der Ausstellung zur höchsten Blüte gebracht, hatte mir mehr als hunderttausend Francs Reinverdienst abgeworfen. Ich tröstete mich jedoch philosophisch über die Kurzsichtigkeit der Jury und beschloß, dem Bombenglück dieses Sommers so lange wie möglich die Hand zu bieten, indem ich im Dezember 1889 zu der Henne mit den goldenen Eiern nach Monte Carlo fuhr. Ich nahm mir dort in dem feudalen Hotel de Paris ein Zimmer nach der See hinaus und begab mich, ohne Zeit zu verlieren, zum Kommissariat des Cercle des Etrangers. Ich stellte mich den Herren dort vor und erklärte ihnen stolz, als sie mich nach meinem Beruf fragten, daß ich Rentier sei. Der Kommissar sah mich zwar etwas unangenehm von der Seite an, gab mir jedoch die gewünschte Eintrittskarte — allerdings nicht, wie ich gehofft hatte, für die ganze Saison, sondern nur für den Tag gültig.

Es war neun Uhr abends, als ich zum erstenmal die Spielsäle betrat. Ich hatte 75 000 Francs in Bankscheinen mitgebracht, von denen ich 10 000 Francs aus meiner Brieftasche herausnahm. Ich ließ mich an einem der Trente-et-Quarante-Tische nieder und setzte das Minimum von zwanzig Francs. Seltsam! Dieses erste Mal, wie jedesmal, so oft ich nach Monte Carlo zurückkehrte— und dies geschah während vierzehn Jahren fast alljährlich —, lächelte mir das Glück am ersten Tag in überraschender Weise zu.

Ich bin keine Spur abergläubisch; und doch kann ich mich nur schwer der Empfindungen erwehren, daß eine dämonische Macht in den Spielsälen von Monte Carlo auf jeden neu eintreffenden Spieler lauert und ihm listig einen verführerischen Gewinn in den Schoß wirft, um ihn durch trügerische Hoffnungen auf den Weg des Ruins, der Verzweiflung und des Selbstmordes zu locken.

Ich gewann zuerst ein Dutzend Louisdors, verdoppelte und verdreifachte meinen Einsatz, und hatte, als nachts um zwölf Uhr die Säle geschlossen wurden, 7000 Francs gewonnen. Man kann sich meine unsinnige Freude über diesen ersten Spielerfolg kaum vorstellen; nicht so sehr der 7000 Francs wegen, sondern weil ich jetzt überzeugt war, mir eine unerschöpfliche Goldquelle erschlossen zu haben, die es mir für alle Zukunft ersparte, immer und immer wieder stehlen und nochmals stehlen zu müssen. Denn wenn ich diesen gefährlichen Beruf ergriffen hatte, so war der Grund hierfür einzig und allein der glühende Wunsch nach Luxus und Glanz, nicht etwa die Freude am Lügen und Betrügen.

Ich trank im Café Riche — einem der vornehmsten Plätze Monte Carlo — seelenvergnügt einen Grog, kehrte in mein Hotel zurück und begann, die 7000 Francs triumphierend durchzuzählen, in goldenen Säulen mit meinen Händen aufzuhäufen und mit meinen gierigen Augen zu verschlingen.

Am nächsten Tage um zwölf Uhr mittags stand ich, kaum daß die Türen zu den Sälen geöffnet waren, wieder am Trente-et-Quarante-Tisch und setzte zwei, vier, acht Louisdors. Ich verlor von Anfang bis Ende, so daß gegen halb vier die 7000 Francs, die ich am vorigen Tage gewonnen hatte, sowie weitere 23 000 Francs den Weg alles Irdischen gegangen waren.

Welch eisige Dusche auf meinen glühenden Hoffnungen!

Ich nahm die Sache jedoch nicht allzuschwer, und anstatt sofort am Leben zu verzagen, erhob ich mich gefaßt und rauchte im Atrium eine Zigarette, indem ich an meine entschwundenen 30 000 Francs nicht mehr dachte als an Lots Weib, der ja seinerzeit auch ihre Vergnügungen so scheußlich versalzen wurden.

Ich sah mich zugleich nach irgendeiner Magdalena um, die mich in meinem Pech ein wenig trösten sollte.

Eine solche war nun zwar wesentlich leichter zu finden als die Milliarden, die ich in Monte Carlo suchte. Aber kaum hatte ich das Atrium dreimal durchmessen, als ich, statt auf eine dieser geschmeidigen Elfen, auf eine voluminöse, jüdisch aussehende Dame stieß, die ich ganz in Gedanken und ohne jede Nebenabsicht anstierte. Sie hatte zweifellos bereits die Schlacht bei den Thermopylen als Zeitgenossin miterlebt oder konnte zum mindesten meine Stammutter sein; denn sie hatte anscheinend schon einige hundert Jahre hinter sich und trug sicherlich genau so viel eigenes Haar auf ihrem Schädel, wie man auf einer Melone findet. Als diese ehrwürdige Vertreterin des schönen Geschlechts wie eine Gans, die ihren Pfuhl verläßt, vorüberging und sich von mir angestarrt sah, schleuderte sie mir einen Blick zu, der — gleich den Armmuskeln des testamentarischen Samson — die Marmorsäulen des Atriums hätte ins Wanken bringen können, und bei jedem Begegnen steigerte sie ihr Bombardement. Zuerst wollte ich deutlich werden; da ich mir jedoch eine Zerstreuung davon versprach, dieses wassersüchtige Monstrum näher zu studieren, erwiderte ich endlich ihren schmachtenden Blick mit sehnsüchtigem Äugeln. Die alte Reliquie aus griechischer Vorzeit glaubte wahrhaftig sofort, daß mich der Liebe schmerzlich-süßer Pfeil beim Anblick ihres schönen Ballon-Captif-Körpers blitzähnlich getroffen habe. Sie näherte sich mir sofort mit ausgestreckter Hand, rollenden Augen und einem öligen Lächeln auf ihren Klaviertasten und fragte mich mit flötendem Baß, ob ich mich ihrer noch von Wiesbaden her erinnere.

Ich hätte dem Fossil gern erwidert, daß sie wohl nicht aus Wiesbaden, sondern aus den römischen Katakomben oder ägyptischen Pyramiden käme, denn noch niemals in meinem Leben war ich bisher dieser wandelnden Wurst begegnet. Ich hielt jedoch an mich und erwiderte nur ein wenig sarkastisch, daß ich zu meinem lebhaften Bedauern weder in Wiesbaden noch am Nordpol die hohe Ehre gehabt hätte, ihrer Schönheit zu huldigen.

»Aber mein lieber kleiner Freund« — ich war etwa zwei Köpfe größer als sie —, erwiderte sie, »ich kann mich unmöglich so kolossal irren! Sie sind doch zweifellos Herr Moritz Cohn aus Frankfurt am Main?«

»Durchaus nicht, verehrte Frau, — ich bin leider nur Georges Manolescu aus Bukarest.«

»Nun, das schadet ja nichts, gefallen tun Sie mir darum nicht weniger! Denn Ihre schönen Augen erinnern mich so unbeschreiblich an meinen seligen Isidor ...«

Um dieses alberne Gegackere nicht weiter anhören zu müssen, lud ich die wackliche Baracke ein, mit mir am Büffett eine Erfrischung zu nehmen. Sie raffte wie ein Tapir auf dem Drahtseil ihr Kleid zusammen, hängte sich ohne Umstände in meinen Arm und schleppte mich Opferlamm zum Büffet. Dort sank dieses menschliche Riesengebirge krachend auf einen Stuhl, der wimmernd und in allen seinen Fugen knackend protestierte. Sofort begann sich das Publikum in diskreter Entfernung um uns zu scharen, um dieses eigenartige Liebespaar mit Andacht zu betrachten.

Ich bemerkte in der Menge einen meiner besten Freunde und gab ihm flehend Zeichen über Zeichen, sich uns anzuschließen. Da der Schlauberger aber mit Recht befürchtete, daß ich ihm dieses Frachtkollo tückischerweise andrehen würde, verhüllte er sein Haupt und floh in Windeseile von dannen.

Ich fügte mich jetzt kraftlos in mein Schicksal, denn mir kam plötzlich der Gedanke, diese Mumie mit meinen Liebenswürdigkeiten einzuwickeln und auf diese Weise vielleicht die 30000 Francs wieder herauszuschlagen, die ich soeben für immerdar verloren hatte. Ich fragte also mit gewinnender Höflichkeit, was die Gnädige befehle; hätte mir die Wahl freigestanden, so hätte ich ihr sicherlich ein kaltes Fußbad zur »Abregung« bestellt.

Aber leider kam ich nicht so billig fort; sie ließ mich überhaupt nichts bestellen, sondern verlangte selbst vom Kellner eine Flasche Veuve Cliquot triple sec.

Ich machte mir den Teufel daraus, mit dieser erhitzten Dampfwalze vor aller Welt Champagner zu pokulieren. Aber sie ließ mich nicht mehr los und begann mir ohne einen Funken der holden Scham, den man dem schöneren Geschlecht zuschreibt, geradezu hahnebüchen ihre Liebe zu erklären, indem sie mir in plastischen Wendungen die Vorzüge des gereiften — leider ach! nur allzu gereiften — Weibes pries, ... »einer Frau, wie ich, mein Schatz, ... vier bis fünf Jahre älter als du ...« Die gute Seele hatte entweder in ihrem endlosen Dasein das Rechnen schon wieder verlernt oder eine Null übersehen. Zugleich ließ sie geschickt einfließen, daß sie nicht nur relativ jung und positiv schön, sondern auch unabhängig und sehr wohlhabend sei.

Diese letzte Mitteilung änderte die Situation ganz erheblich und klang wie liebliches Glockengeläute an meine Ohren, so daß ich schleunigst meine Liebenswürdigkeiten verdoppelte. Sie nannte sich Selma Rosenberg, war eine Deutsche und besaß ein Rittergut in Baden. Auch verfügte sie über 50000 Mark Rente, die sie nach ihrer Versicherung sich glücklich schätzen würde, mit mir in Liebe und Seligkeit zu teilen. Augenblicklich wohnte sie in Nizza, wo sie eine schöne Villa besaß.

Schließlich riß ich mich von ihren schwabbelnden

Reizen unter dem Vorwand los, in das Hotel zurückkehren zu müssen, wo mich mein Vater erwarte. Die imposante Ruine versuchte mich zwar zu halten, ich war jedoch am Ende meiner Kräfte und wankte erschöpft davon.

Um in zwei Worten den Schluß dieser kleinen Episode vorweg zu erzählen, bemerke ich, daß ich die famose Rosenberg noch mehrere Male traf. Als ich das dritte Mal in jenem Winter, Ende Januar, nach Monte Carlo zurückkehrte und — was ich eigentlich gar nicht besonders zu erwähnen brauche — eines Tages völlig ausgebeutelt war, erinnerte ich mich der antiquarischen Kuriosität, besuchte sie in Nizza und erklärte ihr, daß ich mein ganzes Vermögen in Monte Carlo verloren hätte und mit wehem Herzen ihr zum letzten Male in diesem Leben die zarte Hand drücke. Die alte Karikatur mit dem jungen Herzen, die sich tatsächlich in mich vergafft hatte, begann eine große Rührszene aufzuführen und versicherte mir, wenn ich auch ruiniert sei, so habe sie doch noch immer ihr schönes Vermögen, um mir das Leben zu versüßen.

Jetzt hielt ich den günstigen Augenblick für gekommen, um endlich die Farbe ihres Geldes zu sehen. Ich gestand ihr schluchzend, daß ich nicht nur alles verloren, sondern zum Überfluß beim Poker im Cercle Massena zu Nizza 80 000 Francs auf Ehrenwort verloren habe und am nächsten Tage zahlen müsse, wenn ich nicht für Zeit und Ewigkeit ehrlos sein wollte.

Sie »lieh« mir wirklich das Geld, die ganzen 80 000 Francs, und vermutlich wartet die liebliche Rosenberg noch heute in Nizza und schaut nach ihrem »kleinen« Georges und den 80 000 Francs aus.

Am nächsten Tage stand ich sofort nach Öffnung der

Säle wieder am Spieltisch und begann mit Einsätzen von hundert Francs. Zuerst gewann ich 2000 Francs, dann verlor ich sie und noch 6000 Francs dazu; ich hörte daher an diesem Tage zu spielen auf. Tag für Tag setzte ich das Spiel fort und wieder hatte mich dieser Sport nach vier Tagen um meinen letzten Pfennig gebracht. Ich ließ mir daher 500 Francs Reisegeld aus der Kasse des Kasinos zahlen und kehrte nach Paris zurück, um meine Finanzen gründlich aufzubessern und dann die Jagd nach einer reichen Erbin fortzusetzen.

Da ich es allmählich in der Aneignung von Edelsteinen bis zur Meisterschaft gebracht hatte, brauchte ich nicht länger als zehn Tage, von denen ich nur drei »arbeitete«, um mir ohne jede Schwierigkeit 50000 Francs zu verschaffen. Und da mich die 75 000 Francs, die ich soeben in Monte Carlo gelassen hatte, doch mächtig wurmten, tat ich das Dümmste, was ich tun konnte, bestieg Ende Januar den Expreß für die Riviera und erschien nach achtzehnstündiger Fahrt wieder in dieser Hölle, die sich den Cercle des Etrangers de Monte Carlo nennt. Von neuem saß ich am Trente- et-Quarante-Tisch; aber ich begann nicht mehr mit den Minimum-Einsätzen von zwanzig Francs, sondern gleich mit 500 Francsbillets. Wieder zeigte es sich, daß der erste Tag Glück bringt. Innerhalb einer Stunde setzte ich 1000, 2000, 4000 Francs und mehr auf einmal und gewann im ganzen 91 000 Francs, die sich in herrlichen goldenen Säulen und Bündeln von Geldscheinen vor mir auftürmten. Ebensowenig, wie mich die 30000 Francs Verlust erregt hatten, brachten mich die gewonnenen 91 000 Francs jetzt aus der Ruhe. Obgleich am Trente-et-Quarante-Tisch ein Gewinn von 91 000 Francs innerhalb einer Stunde nichts gerade Ungewöhnliches ist, traf mich doch mancher Blick des Neides aus der Corona. Da die gewonnene Summe immerhin für bescheidene Ansprüche genügte, erhob ich mich möglichst phlegmatisch und packte mit größter Seelenruhe das Gold und die Scheine in meine sich bauschenden Taschen.

Ich verließ das Kasino und ging einige Minuten auf der prachtvollen Terrasse mit dem Ausblick auf das Meer spazieren. Kaum befand ich mich einige Minuten in den Seitenalleen dieser Terrasse und ging nach meiner Gewohnheit, die Hände auf dem Rücken und den Kopf etwas zur Erde geneigt, meinen Weg, als ich an einer Biegung des Weges fast mit der Nase auf einen tadellos gekleideten Gentleman stieß, der sich weder entschuldigte noch auswich. Ich fixierte den Grobian und stellte alsbald fest, daß er satisfaktionsunfähig war, da er sich fern vom Getriebe der Menschen aufgehängt hatte und bereits völlig kalt war.

Ich benachrichtigte einen der Feuerwehrposten, die dort berufsmäßig die Selbstmörder beiseite schaffen, und begab mich nach Hause.

Dieses Rencontre machte so wenig Eindruck auf mich, daß ich mich bereits am nächsten Tage wieder in den Spielsälen befand und dasselbe Schicksal wagte, das den Unglücklichen ereilt hatte.

An diesem Tage wandte mir das Glück energisch den Rücken. In kaum einer halben Stunde hatte ich 67000 Francs verloren.

Ich verließ den Spieltisch, um zu Tisch zu gehen, und kehrte um zehn Uhr abends zurück. Ich spielte jetzt mit wechselndem Erfolg, verlor aber schließlich innerhalb ein und einer halben Stunde weitere 17000 Francs, so daß ich an diesem Tage 84000 sauer verdiente Francs zugesetzt hatte. Ich verließ nun das Kasino und soupierte mit dem italienischen Marquis Carlo de R... und zwei seiner niedlichsten kleinen Freundinnen. Der Marquis bezahlte liebenswürdigerweise das Souper, das sich nebenbei bemerkt auf einige tausend Franc belief; übrigens konnte sich der Gute das ohne Unbequemlichkeiten leisten, da er an diesem Abend die kolossale Summe von 180000 Francs gewonnen hatte.

Am nächsten Tage sah ich wieder meinen letzten Pfennig dahingehen.

Zum zweiten Male war ich nach Monte Carlo zurückgekehrt, um Millionen zu verdienen, zum zweiten Male verließ ich es mit völlig leeren Taschen.

Aber ich hielt mich nicht mit nutzlosem Grübeln auf. Schon am nächsten Tage mittags beehrte ich einen großen Juwelier unter den Galerien mit einem freundschaftlichen Besuch. Mit strahlendem Gesicht, als wüßte ich nicht, wohin mit allem Gelde, stellte ich mich vor und ersuchte ihn, mir ein Diamantendiadem aus seinem Schaufenster zu zeigen. Während der Brave eifrig damit beschäftigt war, das gewünschte Schmuckstück aus dem Fenster zu nehmen, erleichterte ich ihn um ein Paar Perlenohrringe mit Brillanten, die sich in einem kleinen Etui auf seinem Ladentisch herumtrieben. Nun prüfte ich das Diadem, richtete endlose Fragen über Größe, Qualität und Gewicht der Steine an ihn und versprach ihm schließlich, mit meiner Herzallerliebsten zurückzukommen, um ihr vor Ankauf das Diadem zu zeigen. Der Wackere erschöpfte sich in tausend Verbeugungen und Versicherungen seiner unbegrenzten Hochachtung und tanzte wie ein Indianer auf dem Kriegspfade bis zur Ladentür um mich herum, indem er mich immer wieder bat, ihn ja recht bald mit der Gnädigen aufzusuchen. Das hätte ich auch zweifellos, so oft er es wollte, mit unendlichem Vergnügen getan; aber da ich besorgt war, daß er die Ohrringe vermissen und mich das nächste Mal nicht ganz so hingebend empfangen könnte, mußte ich mir jeden weiteren Verkehr zu meinem lebhaften Bedauern versagen.

Ich verkaufte die Ohrringe, die einen Wert von 15 000 Francs hatten, an einen bekannten Hehler, der sich gerade in Nizza befand, für 6200 Francs und begab mich an demselben Abend nach Cannes, um auch dort einige Privatvorstellungen unter Ausschluß der Öffentlichkeit zu geben. Ich plünderte sie alle, wie sie da waren, mehr oder minder, verkaufte in Nizza die Schmucksachen, die einen Wert von 30 000 Francs hatten, für 11 000 Francs und kehrte nach achtundvierzigstündiger Abwesenheit in die Spielsäle von Monte Carlo zurück, mehr als je entschlossen, endlich die spröde Fortuna in meine Arme zu schließen. Diesmal vermied ich das Trente-et-Quarante, das mich soviel gekostet hatte, und spielte Roulette. Nach einer halben Stunde hatte ich 4000 Francs verloren. Jetzt beschloß ich das launische Glück mit einem Schlage zu zwingen, setzte auf Rot, Pair den ganzen Rest meines Geldes — 13 000 Francs — und hatte alles in der nächsten Sekunde verloren.

Trotz meiner Selbstbeherrschung konnte ich doch eine Bewegung rasender Enttäuschung nicht unterdrücken und verließ ohne weiteres den Tisch.

Ich hatte vorläufig genug von Monte Carlo.

Ich suchte mir unter den Galerien einen Juwelier aus, stahl ihm im richtigen Moment einen Ring mit einem Saphir und zwei großen Diamanten, fuhr sofort nach

Nizza und schlug ihn für 900 Francs los. Das genügte gerade, um meine Hotelrechnung und meinen Fahrschein zu bezahlen. Am selben Abend verließ ich Monte Carlo und kehrte in mein geliebtes Paris zurück. Aber sobald ich in dieser Stadt der Freude angelangt war, galt es vor allem, meine Finanzen etwas freundlicher zu gestalten, und ich unterzog mich ohne Zögern der Pflicht, den Diamantenhändlern meine ergebene Aufwartung zu machen. Da ich die nötigen Umgangsformen diesen Leuten gegenüber sicher beherrschte, gelang es mir, mich bei ihnen recht vorteilhaft einzuführen, und ich verfügte innerhalb von zwölf Tagen wieder über 54000 Francs, die mir Charles B... für meine Mühe auszahlte.

Nachdem ich ein drittes Mal in diesem Winter in Monte Carlo gewesen war, ebenfalls verloren und — wie schon erzählt — die antike Rosenberg um 80000 Francs erleichtert hatte, gab ich — wenigstens für dieses Jahr — die Hoffnung auf, durch Spielgewinne die ersehnten Millionen zu erlangen, und wandte mich mit neuer Energie meinem alten Ziele zu.

Vorher büßte ich freilich noch rasch vom Januar 1897 bis zum Juli 1898 achtzehn Monate Gefängnis in Nîmes ab, da ich neben den Juwelierdiebstählen in Nizza auch solche in Hotels verübt hatte und schließlich festgenommen worden war.

Ich entsinne mich noch genau eines meiner Opfer, einer entzückenden jungvermählten Engländerin, die im Hotel des Anglais wohnte und mit der ich nach meiner Verhaftung konfrontiert wurde. Sie war ein so süßes, rosiges Püppchen, daß ich mich trotz meiner prekären Lage glatt in sie verliebte und sie sicherlich nicht bestohlen hätte, wenn ich die reizende kleine Frau vorher gesehen hätte.

Es war am 2. Januar 1897, als ich ihr auf dem Polizeikommissariat zu Nizza vorgeführt wurde und sie mit kindlichem Schluchzen aussagte, daß »ein böser Mann« ihr selbst die goldenen Kapseln der Fläschchen aus ihrem Reisenecessaire abgeschraubt habe, ganz abgesehen von dem diamantenbesetzten Halsband ihres »Bobby«.

Niemand konnte mit Bestimmtheit aussagen, daß ich das Hotel betreten oder verlassen hatte, und nur das Eine stand fest, daß eines der gestohlenen Schmuckstücke durch meine Hände gegangen war.

Die kleine Engländerin wurde von dem Kommissar gefragt, ob sie mich vielleicht in der Nähe ihrer Zimmer hätte herumlauern sehn, aber sie antwortete ohne Besinnen, daß die Herren sich zweifellos täuschten, da doch ein solcher Gentleman wie »dieser Herr« — sie wies mit dem Fingerchen auf mich — nicht die »shocking Person« sein könnte, die so »schrecklich schamlos« gewesen war, ihre ganzen Koffer umzuwühlen und ihr sämtliche Ringe, Armbänder, Ohrringe und goldenen Gürtelschlösser zu stehlen.

Der Grund, weshalb sie so für mich eintrat, war zweifellos der, daß ich manches unsäglich Intimes in ihren Koffern gefunden hatte, und ich habe auch — schon aus guten Gründen! — ihrem Vertrauen entsprochen und keine Indiskretion verübt.

Bis zum letzten Augenblick, selbst vor den Richtern, trat sie energisch für meine Unschuld ein.

Diese kleine Engländerin war die Veranlassung, daß ich mehrere Jahre später, im September 1900, den jüdischen Hehler in Philadelphia, der mir den Erlös aus diesem Diebstahl verweigert hatte, um 800 000 Francs bestahl.

XIV

Nachdem ich einige Jahre meinen gefährlichen Beruf ausgeübt hatte, war ich schließlich so weit gekommen, jeden Diebstahl ohne die geringste äußere und innere Erregung zu begehen.

Man sagt mit Recht, daß der Mensch sich an alles gewöhnt und daß er, wenn er immer dasselbe tut — sei es auch, was es sei — zur reinen Maschine wird.

Ich hatte seit 1895 die Hoteldiebstähle als Spezialität gewählt, aus dem einfachen Grunde, weil sie mir am ungefährlichsten und dankbarsten erschienen.

Um diese Diebstähle zu begehen, mußte ich beständig auf Reisen sein; in jeder großen Stadt wählte ich mir die Hotels ersten Ranges für meine Zwecke aus, und zwar verübte ich nie einen Diebstahl in dem Hotel selbst, in dem ich abgestiegen war. Wenn ich in Berlin im Kaiserhof stahl, in dem ich bei meiner Ankunft eingekehrt war, so geschah dies auch erst, nachdem ich nicht mehr dort wohnte.

Bei meiner Kaltblütigkeit und sicheren Haltung, meinem hochmütigen Aussehen und der kurz angebundenen Redeweise, die ich mir durch den beständigen Aufenthalt in den vornehmsten Hotels angewöhnt hatte, betrat ich schließlich wahrhaft fürstliche Räume mit derselben Ruhe, wie irgend eine Kutscherkneipe. Wie schon erwähnt, wohnte ich nie in den Hotels, die ich mir zum Diebstahl ausgesucht hatte. Trotzdem bot das Betreten solcher Hotels keine Schwierigkeiten; denn diese haben zum Vorteil der Langfinger und zum Schaden ihrer Gäste die Einrichtung, daß man ebenso wie in jedes Hotel-Café oder -Restaurant auch in das Foyer ohne jede Kontrolle eintreten und sich dort stundenlang aufhalten kann.

Sobald ich mich in diesem Foyer befand und mich mit einem Blick überzeugt hatte, daß ich nicht beobachtet oder polizeilich verfolgt war und daß niemand sich um mich kümmerte, begab ich mich in das Restaurant, den Lese- oder Billardsaal, je nachdem einer dieser jedermann zugänglichen Räume des Hotels mir für meine Vorstudien und zur Aufklärung des Geländes am geeignetsten schien. Am liebsten wählte ich das Restaurant des Hotels, um von meinem kleinen Tisch aus das Publikum zu beobachten; denn hier kann man am leichtesten die Leute herausfinden, die mit Geld um sich werfen und daher auch mit ihrem übrigen Besitz nachlässig umgehen. Solche Protzen, die gewöhnlich auch in ihrem Zimmer die Schmucksachen offen herumliegen lassen, sind nämlich die besten Freunde und Gönner der Hoteldiebe.

Wenn ich so meine Lieben beobachtete und mir besonders ihre Schmucksachen ansah, war ich bereits beim zweiten oder dritten Mal imstande, mir über eine ganze Familie, ein junges Ehepaar oder einen allein reisenden Parvenu männlichen oder weiblichen Geschlechts ein klares Bild zu machen und mit Hilfe von glänzenden Trinkgeldern an den Maitre d'Hotel, Manager oder Portier Namen, Stellung und Zimmernummer der von mir gewählten Opfer unauffällig und genau festzustellen.

Den nächsten Tag kehrte ich von neuem in das Hotel zurück; und zwar tat ich dies stets, so oft ich »arbeiten« wollte, zwischen halb eins und zwei Uhr mittags.

Ich stieg völlig unbefangen die Treppen hinauf oder

nahm den Lift, um mich dann ohne Zögern, aber auch ohne Eile zu dem Zimmer der Person oder Personen zu begeben, die ich bestehlen wollte.

Ich habe stets darauf verzichtet, Nachschlüssel zu gebrauchen oder die Tür zu sprengen; denn ich hatte keine Lust, im Falle einer Verhaftung wegen schweren Einbruchs bestraft zu werden. Ich klopfte vielmehr ganz harmlos an die betreffende Tür; rief man »herein«, so blieb ich auf dem Korridor und stieß einige ärgerliche Worte hervor, als ob ich mit mir selber schalt, daß ich die Etage oder Zimmernummer verwechselt hätte.

Wenn aber niemand mir antwortete, nahm ich ohne weiteres an, daß die Bewohner des Zimmers sich im Speisesaal oder in der Stadt befanden, und klinkte die Tür auf, die in fünfundneunzig von hundert Fällen nicht verschlossen war.

War dies jedoch ausnahmsweise der Fall, so störte das mich auch nicht allzu sehr; ich stieg dann in das Office hinunter und verlangte mit göttlicher Frechheit den Schlüssel der gewünschten Nummer, als ob ich oder einer meiner Angehörigen dort wohnten.

Schien es mir in dem Fall, daß die Tür verschlossen war, aus irgendwelchem Grunde nicht angebracht, sofort den Schlüssel zu verlangen, so ging ich etwas anders vor. Ich gab zunächst mein Vorhaben auf und setzte mich am nächsten Tag in der Frühe — wie dies täglich in hundert Fällen in den großen Hotels vorkommt — in das Foyer, als ob ich Gast des Hotels sei und auf jemand wartete, der mich abholen sollte. Inzwischen beobachtete ich nun stundenlang die ausgehenden Gäste, bis sich mein Opfer zeigte; und da ich vorzügliche Augen habe, konnte ich leicht sehen, auf welche Nummer der Schlüssel gehängt wurde, den die betreffende Person beim Ausgehen abgab. Die Verwalter dieser Schlüssel werden alle drei bis vier Stunden abgelöst. Wenn ich also bemerkte, daß die Person, auf die ich es abgesehen hatte, das Hotel verlassen hatte und bald darauf der Schlüsselverwalter abgelöst wurde, so ging auch ich aus dem Hotel, kehrte jedoch nach kurzer Zeit zurück und verlangte von dem neuen Verwalter den gewünschten Schlüssel. Da der betreffende Gast eben erst weggegangen war, konnte ich mit einiger Bestimmtheit darauf rechnen, meine Geschäfte in voller Ruhe und Behaglichkeit erledigen zu können.

Nicht ein einziges Mal ist es mir begegnet, daß ich auf Mißtrauen oder unbequeme Fragen gestoßen wäre; denn abgesehen davon, daß die alle paar Stunden abgelösten Angestellten unmöglich die Hunderte und Tausende von Gästen kennen können, die Tag für Tag in diesen modernen Karawansereien ankommen und abreisen, sah ich mir den betreffenden Menschen auch vorher genau an, ob er Mut genug besaß, im Fall eines Zweifels einen tadellosen Gentleman, der mit absoluter Sicherheit seinen Schlüssel verlangte, zur Rede zu stellen.

Sah ich mich erst einmal im Zimmer, so pflegte meine Umsicht auch fast ausnahmslos belohnt zu werden. Denn wer auf die Dummheit und den Leichtsinn der Menschen spekuliert, wird immer zu seinem Geld kommen.

So war ich einmal in einer großen Stadt im Süden Europas vollständig abgebrannt und sah mich genötigt, mir Mittel zum Fortkommen zu verschaffen, da mir das Feuer etwas auf den Nägeln brannte. Ich ging also in ein Hotel, stieg die Treppen hinauf und klinkte die erste beste Tür auf. Das Zimmer war vollständig in Ordnung, nur auf dem Bett lag hingeworfen ein Hausjackett, in dem eine

Brieftasche mit 1800 Francs in geschlossenem Kuvert und ein Billet erster Klasse nach Paris steckte. Ich nahm Geld und Fahrschein »in Verwahrung« und steckte die Brieftasche sorgsam wieder in das Jackett. Und da diese Summe offenbar einen Reservefonds für die Reise bildete, bin ich überzeugt, daß der Besitzer erst nach Tagen seinen Verlust bemerkt hat.

Mögen es nun meine Vorsichtsmaßregeln, Glück oder irgend etwas anderes sein, — jedenfalls bin ich auch in den Hotelzimmern mit einer einzigen Ausnahme niemals überrascht worden.

Ich hatte einmal das Zimmer des Vaters und dann das der Tochter sorgfältig »aufgeräumt« und wollte eben schwerbeladen wie Schillers Erntewagen heimwärtsschwanken, als ich mich plötzlich im ersten Zimmer dem Herrn Papa gegenübersah. Aus seinem erstaunten, fragenden Blick sprach die unverkennbare Absicht, mich ohne lange Verhandlungen am Kragen zu nehmen. Ich ließ mich jedoch nicht außer Fassung bringen. Natürlich hatte ich auch diesen Fall vorausgesehen und trug deshalb stets einen schmalen Elfenbeinzollstock bei mir. Ich zog ihn sofort aus der Tasche, brummte mürrisch »Guten Tag!« und begann mit Feuereifer, aber ohne ein weiteres Wort zu sagen, die Fläche und Stärke der Wände auszumessen.

Meine Sicherheit gab dem Papa die Überzeugung, daß ich irgendein Architekt sei, der im Auftrage der Hoteldirektion für eine bauliche Änderung oder neue Anlage Messungen vornehme, und er ließ mich ohne ein Wort des Mißtrauens in aller Gemütlichkeit meine Notizen machen. Nach etwa fünf Minuten verließ ich ihn mit einem lakonischen »Pardon!« und einem so unbefangenen Gesicht, als ob ich nie etwas anderes in meinem Leben getan hätte, als Wände auszumessen.

Ich hatte diese meine Spezialität der Hoteldiebstähle zu einer derartigen Vollendung gebracht und vollführte sie mit solchem Vertrauen auf ein gutes Gelingen, daß ich trotz der ungeheuren Geldsummen, die ich damit erwarb, doch keinen Augenblick daran gedacht habe, mir ein Kapital für alle Fälle zurückzulegen. Die ganze Welt war ja mein Feld, jeder, der Schmuck und Steine besaß, mein Debitor, jeder Nabob mein Bankier. Hier, dort, rechts und links, überall bauschten sich die Brieftaschen für mich, blitzten meine Diamanten,— die Schätze des ganzen Erdballs lagen mir zu Füßen, strömten mir zu, ohne daß ich einen Tropfen Schweiß zu vergießen brauchte, um sie zu heben. Hatte ich das rieselnde Gold mit vollen Händen auf die Straße geworfen, so hatte ich nur am nächsten Tage irgendjemand einen flüchtigen Besuch zu machen, genau als ob ich einen Scheck bei meiner Bank einkassierte, und immer wieder rieselte mir das gelbe Metall zu, mehr, immer mehr, so viel, als nur mein Herz begehrte . . .

Seit dem Beginn meiner abenteuerlichen Karriere im Jahre 1888, wo ich den Kampf mit der französischen Gesellschaft aufnahm, war ich jede Sekunde darauf gefaßt, mit aller mir zur Verfügung stehenden Intelligenz, Schlauheit und List mit den Vertretern und Beschützern dieser Gesellschaft, der Polizei zusammenzustoßen. Diese Beamten sind im allgemeinen weder schlauer noch dümmer als andere Sterbliche; aber abgesehen von Einzelfällen, wo auch hervorragende Hochstapler Malheur haben — für Pech kann eben keiner! —, sind ihnen letztere zweifellos überlegen. Dies erklärt sich daher, daß die

Gesellschaft, die einerseits ihre ganze Hoffnung auf Sicherheit auf den Schutz dieser Leute setzt, sie andererseits so jämmerlich bezahlt, daß ihr naturgemäß nur minderwertige Kräfte zur Verfügung stehen.

Wie oft ist es mir gelungen, lediglich durch Frechheit, durch degagierte, hochmütige oder gar verächtliche Haltung den im Grunde unendlich harmlosen und schwerfälligen Polizisten zu entgehen, die, nach ihren durchdringenden Blicken zu urteilen, jedem menschlichen Wesen bis in das innerste Herz sehen! Ich möchte aus Dutzenden nur einen Fall erzählen, der mir besonders im Gedächtnis haften geblieben ist, weil es sich hierbei für mich um die Entscheidung handelte, ob ich für die nächsten zehn Jahre in unfreiwilliger Zurückgezogenheit leben oder mich als Weltenbummler der goldenen Freiheit erfreuen sollte.

Es war im Monat September 1898, als mir in einem großen Hotel einer europäischen Weltstadt ein ungemein erfreulicher Geschäftsabschluß gelungen war. Am nächsten Nachmittag begab ich mich zu einem meiner Freunde, der ebenso groß als Juwelier wie als Hehler war, um ihm die Beute des vergangenen Tages anzubieten. Dieser Hehler hatte in seiner Eigenschaft *als Juwelier* bereits die Liste und Beschreibung der gestohlenen Schmuckstücke von der Polizei erhalten. Er redete mich daher sofort nach meinem Eintreten, noch ehe ich meine Ware vorgewiesen hatte, an:

»Wie, Georges, du bist hier? Dann bist du es selbstverständlich auch, der den Diebstahl im Hotel ... begangen hat.«

Ohne ihm zu antworten, lachte ich ihn vergnügt an und begann aus allen meinen Taschen Etuis hervorzuholen;

und erst, als ich das Größte öffnete und ihm unter die Nase hielt, antwortete ich:

»Allerdings, mein Alter, hier sind die Sachen! Und wenn du deine Liste hervorholen willst, durch die die löbliche Polizei dich so freundlich informiert hat, so wirst du sehen, daß alles da ist. Wie schade, daß du der hohen Polizei nicht die Freude machen kannst, mich arretieren zu lassen, — da du gewiß nicht mit mir auf einige Jährchen verschwinden möchtest. Also kurz und gut, was gibst du für den ganzen Schwamm?«

Er: »Nur Ruhe, Georges! Immer noch derselbe, als ob es sich um eine Partie Domino handelte! Weißt du denn nicht, daß sämtliche Spitzel hinter« — er nahm ein Blatt und las —, »einem schlanken, jungen Mann mit gebräuntem Teint, schwarzem aufgesetzten Schnurrbart, großen schwarzen Augen und blauem Gehrock her sind? Ein Stubenmädchen hat ihn auf dem Korridor des Hotels gesehen und sein Signalement der Geheimpolizei gemeldet. An jeder Ecke der Stadt steht augenblicklich ein Geheimer, um den frechen Spitzbuben zu fassen, der kein anderer ist als du!«

Ich: »Das wundert mich gar nicht. Das Stubenmädchen habe ich ebenfalls gesehen, — sie war ganz niedlich. Und den Geheimen gönne ich von Herzen, daß sie heute frische Luft schöpfen. Also was gibst du für die Sachen?«

Mein Juwelier, der mich genügend kannte, verlor weiter keine Zeit, sondern schätzte die Sachen ab und bot mir nach einer Viertelstunde 26 000 Francs. Ich verlangte 30 000, und wir einigten uns auf 28 000 Francs, die er mir bar auszahlte. Dann sagte ich:

»Mein alter Freund, es tut mir scheußlich leid, nicht noch eine Flasche mit dir ausstechen zu können. Aber ich gönne der Polizei nicht, daß sie sich die 5000 Francs Belohnung verdient, mich freudestrahlend am Kragen nimmt und dann ihrerseits so manche Flasche auf mein spezielles Wohl leert.«

Der Juwelier blieb in größter Unruhe und warnte mich immer wieder, da mein Gesicht nach dem Signalement leicht zu erkennen sei.

Allerdings, — geschehen mußte etwas, denn in meiner Sorglosigkeit steckte doch eine recht große Portion Renommage. Ich zündete mir also eine Zigarre an, drehte das glühende Ende um und brannte mir wie durch Ungeschicklichkeit die rechte Seite meines schönen Schnurrbarts ab. Mein Freund, der meine Absicht erkannte, bot mir nun an, mir ein Rasiermesser aus seiner ziemlich weit entlegenen Wohnung besorgen oder eins kaufen zu lassen. Das hätte mir aber zu lange gedauert. Ich lehnte daher ab, sagte ihm Lebewohl und ging frank und frei zu einem dicht benachbarten Coiffeur. Hier verlangte ich völlig unbefangen, daß er mir den Schnurrbart, dessen eine Seite ich mir ungeschickterweise beim Scherzen mit einer kleinen Freundin verbrannt hätte, gleichmäßig schneide. Der Barbier erklärte mir — wie ich dies erwartet hatte —, daß mit dem Bart wenig mehr anzufangen sei, und empfahl mir, ihn ganz abnehmen zu lassen. Nach scheinbarem Zögern und Bedauern stimmte ich endlich zu, und er rasierte ihn ab, ohne sich auch nur im geringsten Gedanken zu machen, obwohl sonst diese Leute sehr genau auf Kunden achten, die ihren Schnurrbart ohne besonderen Grund verschwinden lassen wollen. Dann ging ich in ein Geschäft, wo Priesterkleidung zu haben war und kaufte eine vollständige Tracht mit der Motivierung, daß mein Bruder soeben in irgend einer

Provinzstadt ordiniert worden wäre und ich ihm die Equipierung schenken wollte. Während ich die Rechnung bezahlte, verlangte ich, daß die Firma die Sachen auf ihre Kosten per Eilpaket an meinen Bruder schicken sollte. Der Händler, dem diese nachträglichen Spesen natürlich nicht erwünscht waren, machte tausend Einwände, um mich von meiner Forderung abzubringen. Diese Weigerung, die mir hochwillkommen war, hatte ich natürlich erwartet, denn ich wäre die Sachen ja sonst losgewesen; ich gab mir aber den Anschein, als ob ich über seine Knauserigkeit aufs äußerste empört wäre, nahm wütend das Paket und kehrte per Droschke in das Hotel zurück, in dem ich logierte.

Da es bereits halbsieben Uhr und zwar im Monat September war, dunkelte es schon, und ich konnte unbemerkt in mein Zimmer gelangen.

Ich packte schleunigst meine Koffer, ließ mir die Hotelrechnung auf das Zimmer bringen und bezahlte sie. Dann gab ich aller Welt reichlich Trinkgelder, ließ mein Gepäck hinunterschaffen und verließ das Hotel im geschlossenen Wagen. Ich rief dem Kutscher zu: »Nordbahnhof, Abfahrtsseite!«, änderte dann unterwegs unter dem Vorwande, das Hotel sei mir zu teuer gewesen, mein Ziel und fuhr in ein Hotel vierter Klasse. Bei meiner Ankunft dort konnte ich mit meinem glatten Gesicht ebensogut als Künstler, wie als Kellner, Geistlicher oder irgend etwas Ähnliches gelten.

Ich ließ mir ein Zimmer geben, ohne mich mit den Angestellten des Bureaus lange aufzuhalten, stieg hinauf und verwandelte mich schleunigst in einen ehrwürdigen katholischen Priester.

Als ich mich nach einer Viertelstunde im Spiegel

betrachtete, kam ich mir wie die fleischgewordene Gottesfurcht vor.

Ich verließ nunmehr mit sittsamem Schritt, ein Taschenwörterbuch als Brevier unter dem Arm, das Hotel und kehrte bald darauf eiligst zurück. Ich erklärte dem Wirt, daß ich soeben auf der Post ein dort lagerndes Telegramm vorgefunden hätte, das mich schleunigst zu meinem Bischof berief, und daß ich daher noch heute mit dem Nachtexpreß um dreiviertelelf fahren müßte.

Man ist besonders in solchen kleinen Hotels an ganz kurzen Aufenthalt und beständiges Kommen und Gehen der einfachen, sparsamen Gäste gewöhnt; man war daher nicht über meine plötzliche Abreise erstaunt, sondern bat mich nur das Zimmer für die Nacht bezahlen zu wollen. Ich gab mit Vergnügen die geforderten zwei Francs, nahm meine Koffer und fuhr als geistlicher Herr zum Bahnhof.

Bis jetzt war alles nach Wunsch gegangen. Nun aber begann erst die eigentliche Schwierigkeit. Und wirklich, — kaum hielt meine Droschke vor dem Bahnhof, als schon zwei Geheimpolizisten sich mir näherten und mir geradezu unverschämt in das Gesicht stierten, — ganz als ob sie der Meinung wären, das anschauliche Signalement des Stubenmädchens passe eigentlich so ausgezeichnet auf diese zukünftige Eminenz, daß sie ganz gut der Heißerwartete sein konnte.

Ohne mich im geringsten durch das Interesse, das ich erregte, stören zu lassen, stieg ich mit Seelenruhe aus der Droschke, bezahlte den Kutscher und betrat den Bahnhof. Dann sah ich mich nach Art eines Provinzlers unsicher um, bis ich den gesuchten Schalter gefunden hatte, und begab mich zu ihm, — immer die zwei Detektive, die mich nicht einen Schritt verließen, dicht hinter mir. Am Schalter verlangte ich schüchtern und umständlich in einem langen Satz mit vielen »bitte« und »entschuldigen Sie« eine einfache Fahrkarte zweiter Klasse nach Köln, gab mein Gepäck auf und ging zu dem Bahnsteig, auf dem mein Zug stand.

Die zwei verteufelten Geheimpolizisten schienen sich rein in mich verliebt zu haben; sie machten immer genau dasselbe wie ich und gaben mir unentwegt das Ehrengeleit. Ich wußte daher nur zu genau, daß wieder einmal der Augenblick gekommen war, in dem ich meine Kaltblütigkeit zu beweisen hatte.

Es fehlten noch fünfzehn Miunten bis zur Abfahrt. Ich ging also, als ob ich mir den Teufel aus ihrer Begleitung machte, in den Wartesaal zurück und ließ mir ein Glas Bier geben. Meine beiden Trabanten folgten mir selbstverständlich in rührender Treue, setzten sich breit an den Nebentisch und paßten wie die Luchse auf, ob ich mich durch irgendeine unsichere Bewegung verraten würde. Aber das edle Paar hätte ebensogut darauf hoffen können, die Kaiserin von China plötzlich erscheinen und ihnen zuliebe den Bauchtanz exekutieren zu sehen.

Ich gab mir noch immer den Anschein, die beiden Dioskuren überhaupt nicht zu bemerken, verließ nach etwa zwei Minuten ruhig wieder den Wartesaal und ging von neuem auf den Bahnsteig, wo der Expreß fauchte. Ich stieg in einen D-Wagen zweiter Klasse und sicherte mir einen Eckplatz. Um nicht in den Verdacht zu kommen, daß ich mich vor der Polizei versteckte, trat ich nun wieder auf den Gang des Wagens; derselbe lag nach dem Bahnsteig zu, auf dem die Detektive, unschlüssig, ob sie zugreifen oder noch abwarten sollten, stehen geblieben waren. Ich lehnte mich aus einem der herabgelassenen

Gangfenster und betrachtete mit möglichst harmloser und neugieriger Miene das Kommen und Gehen, Drängen und Hasten auf dem Bahnsteig.

Es war ein scheußlicher Augenblick für die Geheimpolizisten, die immer weniger wußten, was sie tun sollten. Wenn sie mich kurzer Hand aus dem Zuge herausholten und als des Diebstahls verdächtig verhafteten, so riskierten sie einen Mißgriff zu begehen, der ihnen doch höllisch unangenehm werden konnte, — umsomehr, als es sich um einen Geistlichen handelte; kam es andererseits heraus, daß sie die Dummheit begangen hatten, den frechen Hoteldieb vor ihren eigenen Augen entschlüpfen zu lassen, so taten sie am besten sich sofort dienstlich begraben zu lassen.

Was also tun?

Ich sah förmlich auf den Gesichtern der beiden Geheimen, wie sie immer mehr und mehr sich dem Entschlusse zuneigten, mich doch lieber beim Kragen zu nehmen, und ich sagte mir, daß ich meine Kaltblütigkeit bis zur Unverschämtheit steigern müßte, wenn ich noch auf Rettung hoffen wollte. In jedem Bruchteil einer Sekunde konnte einer von ihnen den Fuß auf das Trittbrett setzen, und dann war alles für mich verloren. Ich verließ also das Fenster, stieg dicht vor den Polizisten wieder aus und begann, die Hände auf dem Rücken, längs des mächtigen D-Zuges, in dem sich mein Abteil befand, hin und her zu spazieren.

Es fehlten noch sechs Minuten an der Abfahrtszeit.

Die Detektive näherten sich mir sofort so dicht, daß ich fast ihren aufgeregten Atem spürte und jeden Augenblick ihren Griff auf meinem Arm fühlen zu müssen glaubte.

Um sie nun möglichst zu überzeugen, daß ich nichts

weiter war als ein einfacher Geistlicher aus der Provinz, ging ich bis zu der kolossalen Lokomotive von ganz neuer Konstruktion und betrachtete sie anscheinend völlig entzückt und verblüfft.

Die Geheimen wanderten wie ein Doppelschatten hinter mir her, und während ich die mächtigen Stahlarme bewunderte, die die Räder verbanden, und mich tief bückte, um alles recht genau zu besichtigen, trat einer der Detektive, in der Hoffnung mich zu erschrecken oder um zu sehen, wie weit er gehen könne, plötzlich hart an mich heran, so daß ich um ein Haar zu Boden gefallen wäre. Mit einem Ruck richtete ich mich hoch auf und blickte dem Mann mit wutverzerrtem Gesicht in das Weiße der Augen, als ob ich ihn im nächsten Augenblick niederschlagen würde... und ebenso plötzlich machte dieser Held und Hüter der heiligen Ordnung kehrt und entfernte sich mit seinem Kollegen, ohne auch nur ein einziges Wort zu äußern.

Für einen Augenblick sah ich mich also von meinen lästigen Gefährten befreit. Nachdem ich noch etwa eine Minute die Maschine angestaunt hatte und die Abfahrt herangekommen war, kehrte ich mit ruhigem Schritt zu meinem Abteil zurück, während die Polizisten mich noch immer aus respektvoller Entfernung scharf beobachteten und in ratlosem Zweifel hastig miteinander flüsterten. Aber schon setzte sich der Zug unmerkbar, ganz, ganz langsam in Bewegung. Obwohl das Herz mir wie ein Hammer in der Brust schlug, lehnte ich mich doch wieder zum Fenster hinaus und sah sinnend zurück, wie jemand, der eine Stadt verläßt, die ihm eine neue Welt erschlossen hat.

Immer rascher fuhr der Zug, immer undeutlicher

wurden meine Verfolger, bis sie endlich ganz verschwanden ...

Ich war gerettet.

Aber doch nicht ganz. Denn jeden Augenblick konnten die Detektive aus ihrer Verblüffung erwachen, hinter mir her telegraphieren und mich aus dem Zuge heraus verhaften lassen.

Ich wußte jedoch schon längst, wie man mit den Herren von der Polizei Verstecken spielt.

Sobald der Zug auf der ersten Zweigstation hielt, ließ ich mir mit Hilfe von fürstlichen Trinkgeldern mein nach Köln aufgegebenes Gepäck unter dem Vorwande heraussuchen, daß ich meine Reiseroute geändert hätte, nahm ein Billet für die von der Station abzweigende Linie, fuhr im spitzen Winkel Zweidrittel meines Weges zurück und dann solange kreuz und quer, bis ich nach zwei Tagen die Schweizer Grenze passierte und in Luzern den Expreß nach Italien bestieg, in dem ich meine künftige Gattin, die Gräfin R ..., kennenlernte.

XV

Im September 1898 lernte ich ein hochgewachsenes, schlankes, schwarzgekleidetes junges Mädchen von distinguiertem Aussehen in Gesellschaft einer älteren, kleinen und starken Dame mit lebhaftem Teint kennen und begleitete beide bis Mailand. Ich dachte an diesem Tag ebenso wenig daran mich zu verlieben oder gar zu verheiraten, wie ich die Absicht hatte, mich aufzuhängen. Aber da mir die junge Dame gefiel, schloß ich mich ihr und ihrer Mutter gern an. Sie war gerade keine ausgesprochene Schönheit, aber sie besaß vornehme Züge und elegante Haltung und bewies im Gespräch eine hervorragende Bildung. Obwohl ich, wie erwähnt, dem schönen Geschlecht mehr und mehr skeptisch gegenüberstand, fing ich doch unwillkürlich an, für diese junge Gräfin eine lebhafte Sympathie zu empfinden. Ich machte mir allerdings weniger daraus, daß sie Komteß war, sondern ließ mich lediglich durch ihre äußeren und inneren Vorzüge beeinflussen.

Ich stellte mich mit meinem richtigen Namen Georges Manoslescu vor und täuschte sie nur — die erste Lüge in einer langen Kette! — durch die Bemerkung, die ich gelegentlich einfließen ließ, daß ich Dr. jur. wäre und über eine jährliche Rente von 20000 Francs verfügte.

Von Tag zu Tag traten wir uns näher und lernten uns mehr lieben, und die Mama sah mit leuchtenden Augen auf das stattliche junge Paar.

Trotzdem hatte ich heftige innere Kämpfe zu bestehen, ob ich weitergehen sollte oder nicht. Die junge Komteß verfügte statt der Rente von 500 000 Francs, die ich mir unverbrüchlich als conditio sine qua non für meine Braut fixiert hatte, nur über 6000 Mark jährliches Einkommen und besaß keinen Heller Vermögen, — ein Übelstand, der durch meinen absoluten Mangel an Kapitalien nicht ausgeglichen wurde.

Was also tun? Wie einen Haushalt führen, der der Stellung meiner gräflichen Gattin entsprach?

Ich schwankte um so mehr, als ich mir immer gesagt hatte, daß mit dem Tage meiner Heirat mein Hochstaplerleben begraben und vergessen sein mußte.

Ich konnte einfach das junge Mädchen nicht heiraten. Denn um mit ihr die Ehe zu führen, mußte ich unbedingt weiter stehlen, da ich mit dem besten Willen nicht imstande war so viel zu verdienen, wie unser künftiger Haushalt erforderte.

Aber ich hatte sie lieb...

Und so siegte denn mein Gefühl über alle materiellen Bedenken.

Ich wußte ja auch, daß sie mich liebte und daß mein Zurücktreten sie unglücklich gemacht hätte, und mit dem Leichtsinn des Abenteurers, der Dutzende von Malen sein ganzes Hab und Gut auf eine Karte gesetzt hatte, vergaß ich, daß ich sie durch eine Heirat mit mir noch tausendmal unglücklicher machte, als wenn ich sie verlassen hätte.

Und trotzdem war es die böseste Tat meines Lebens. Aber wenn meinem einstigen Weibe diese Blätter zur Hand kommen — und ich weiß, sie wird sie lesen! —, dann möge sie sich der glücklichen Tage dort an der sonnigen Riviera, am schimmernden Bodensee erinnern, dann möge sie gedenken, daß auch mein Leben in Trümmer ging, die Sehnsucht, sie und mein einzig geliebtes Töchterchen wiederzusehen, noch immer in meinem Herzen lebt, — und daß ich heimatlos, friedlos, ein Gescheiterter mit dem Leben ringe, während meine Gedanken über Berg und Tal zu ihnen wandern...

Am 17. Oktober 1898 schlossen wir die Ehe.

Ich habe niemals meinen Entschluß bereut, denn meine Frau war mir stets eine gute, liebreiche Gattin, und die Geburt unseres Kindes ließ mich die größte Freude empfinden, die ich auf dieser Erde erlebt habe.

Und dennoch war meine Heirat nicht nur die schlechteste, sondern auch die dümmste, unsinnigste Tat meines Lebens. Denn was kommen mußte, kam. Die Sorge um die Existenz meiner Familie zwang mich nach elfmonatiger Ehe, wenige Wochen nach der Geburt meines Kindes, meine noch leidende Frau und mein Töchterchen zu verlassen und in die weite Welt zu gehen...

Um zu arbeiten, wenn ich Arbeit fand...

Um zu stehlen, wenn ich keine Arbeit fand...

Welche Aussichten, welches Leben, welche Hölle!

Am 27. September 1899 riß ich mich von meiner Frau los, um sie als Untersuchungsgefangener wiederzusehen.

Ich mußte mich trennen, um die weite Reise nach Ägypten anzutreten, wo ich eine Stellung als Hotelchef zu finden hoffte; und wenn ich schon in Luzern Halt machte und dort stahl, um mich mit den Meinigen wieder vereinigen zu können, so wird man mein Verhalten wenn auch nicht entschuldigen, so doch begreiflich finden.

Ich weiß ganz genau, daß es viele unter meinen Lesern gibt, die, solange ich Schlechtes von mir berichte, befriedigt sagen: »Nein, solch ein verworfener Mensch!« Aber sobald ich einmal ein wenig Gutes von mir behaupte, fahren sie entrüstet auf und rufen: »Solch ein ausgekochter Schwindler! Das kann er *mir* doch nicht erzählen!« — Diese Skeptiker beweisen damit nur ihre eigene Unkenntnis des Menschenherzens. In jedem, auch dem verworfensten Verbrecher steckt ein letzter Rest von Ehre, ein verborgener Kern von Gemüt, und wer den zu wecken versteht, der kann von jenem verlangen, was er will, und er wird niemals enttäuscht sein. Ich habe wenig wahre Liebe im Leben gefunden, und um so tiefer hat sich das glückliche Jahr meinem Herzen eingeprägt, in dem ich Liebe um Liebe gefunden...

Das einzige Weib, von dem ich mir überhaupt heute vorstellen kann, daß ich vielleicht in einer unbesonnenen Stunde Vertrauen zu ihm hätte fassen *können*, war meine Frau. Und doch habe ich während der ganzen elf Monate, die ich Hand in Hand mit ihr verlebte, auch nicht einen Augenblick daran gedacht, ihr meine Vergangenheit zu enthüllen und so mein Schicksal in ihre Hand zu geben. Die Erinnerung an meine verflossene Lebenszeit war für mich selbst eine so unangenehme, daß ich niemals das Bedürfnis fühlte, mit irgend einem Menschen davon zu sprechen. Und vielleicht war auch ein zweiter, mir selbst uneingestandener Grund der, daß ich im tiefsten Herzen mich doch vor meiner reinen, vertrauenden Frau schämte und ihre Verachtung fürchtete, die das Glück meiner Ehe zu Scherben zertrümmert hätte. So trug denn mein Gesicht auch während meiner ganzen Ehe die Maske des rumänischen Aristokraten, für den ich mich ausgegeben hatte, eines jungen, makellosen Mannes, dem das Herz lachte, so oft er seinem geliebten Weibe in die seligen Augen sah.

Ich verstand jeden Zug meines Gesichts so genau zu beherrschen und wußte mich so spielend in jede Rolle hineinzuleben und mit ihr zu identifizieren, daß der Gedanke, ich könnte mich einmal verraten, überhaupt nicht in mir Platz griff.

Immerhin war ich mir darüber klar, daß an dem einen oder anderen Tage unweigerlich in meiner Frau ein leiser Zweifel an den Angaben, die ich ihr bei unserer Bekanntschaft gemacht hatte, auftauchen müßte, und daß diesem ersten Zweifel an der Sicherheit meiner finanziellen Position bald der an meiner Lauterkeit und Ehrlichkeit folgen würde.

Da ich mich jedoch außerstande sah, an diesen Verhältnissen etwas zu ändern, ließ ich die Dinge ihren Lauf nehmen und vertraute darauf, daß irgend ein Zufall mich aus der Klemme ziehen würde.

Andererseits verhehlte ich mir nicht, daß ich über kurz oder lang meine Diebstähle wieder aufnehmen müßte, um meine Familie zu erhalten und war daher darauf bedacht, meine Frau nicht zur Mitschuldigen zu machen. Ich mußte also vorbeugen und ihr allerhand vorlügen, um für die voraussichtlichen großen und plötzlichen Einnahmen eine plausible Erklärung bei der Hand zu haben. Zu diesem Zweck brachte ich ihr nach und nach bei, daß meine verheiratete Schwester mich 1895 nach einigen Mißernten vor dem Zusammenbruch gerettet habe und ihr infolgedessen meine sämtlichen Güter verpfändet seien. Jetzt habe sie sich nun unter allerhand mir unerklärlichen Vorwänden geweigert, mir die mir zustehende vierteljährliche Rente von 5000 Francs zu senden, so daß ich mich wohl genötigt sehen würde, die Zahlung im Prozeßwege zu erzwingen. Selbstverständlich war das alles nur »Humbug«; aber meine Frau in ihrer Liebe glaubte eben an ihren Georges wie an das Evangelium.

Immerhin, als dann Monat um Monat verging, ohne daß sich hinsichtlich der Rente etwas entschied, begann sie — vermutlich auch durch ihre Verwandtschaft beeinflußt, allmählich diskrete Anspielungen auf meine »rumänische Rente« zu machen.

Ich griff sofort nach meiner gewohnten Taktik, richtete mich beleidigt zu voller Höhe auf und ersuchte sie ebenso höflich wie energisch, sich aller weiteren Bemerkungen zu enthalten, da ich niemand Rechenschaft über meine Verhältnisse schuldig sei.

Aber wenn auch meine gute Frau sich meinen Wünschen fügte, so ließ sich meine verehrte Schwiegermutter, die uns 1899 besuchte, doch etwas weniger leicht beschwichtigen. Ich hatte schließlich Szenen mit ihr, bei denen nur der Respekt vor ihrem weißen Haar mich hinderte sie einfach stehen zu lassen, und eines Tages äußerte sie in ihrem Zorn meiner Frau gegenüber sogar den Verdacht, daß ich ein ganz gemeiner Feld-, Wald- und Wiesenhochstapler sei. Man kann sich denken, mit welcher leidenschaftlichen Empörung meine Frau sich für mich ins Zeug legte und sich von jedermann — »auch von dir, Mama!« — eine solche unbegreifliche Beschimpfung ihres lieben Georges verbat.

So gingen die Dinge ihren Lauf, bis ich meine Frau verlassen mußte. Abgesehen von meiner Schwiegermutter hegte niemand zu dieser Zeit in unserem Hause oder in der Familie meiner Frau den geringsten Verdacht, daß meine Vergangenheit nicht fleckenlos und meine Existenz auf Sand gebaut sei.

Für meine Seele von Frau war ich in dieser Stunde des Abschieds ihr geliebter, bedauernswerter Georges, für ihre hochadlige Familie der Kavalier, der aus inniger

Neigung ein Mädchen ohne Vermögen geheiratet hatte, und für die braven deutschen Spießbürger von M... blieb ich vom ersten bis zum letzten Moment der »Herr Doktor«.

Wäre es mir gelungen, nach dem Diebstahl in Luzern der Verhaftung zu entgehen, so hätte ich von seinem Ertrage natürlich unseren Unterhalt bezahlt; aber niemals hätte ich meiner Frau verraten, woher das Geld stammte, und eben so lange weiter gestohlen, als mir das Glück treu blieb.

Das Glück blieb mir nur wenige Tage treu.

Eine Woche nach meinem Abschied, am 4. Oktober 1899, wurde ich in Frankfurt am Main festgenommen.

In derselben Stunde brach meine Ehe für immer zusammen.

XVI

Diese Verhaftung machte auf mich einen unendlich furchtbareren Eindruck als alle vorhergehenden.

So oft ich früher meine Festnahme vor Augen sah oder bereits ergriffen war, nahm ich die Dinge philosophisch und tröstete mich mit dem Gedanken, daß ich wieder einmal Pech gehabt habe.

Aber diesmal lag die Sache doch wesentlich anders.

In meiner engen Zelle im Polizei-Gefängnis drehte sich mir fast das Herz um, wenn ich an Weib und Kind dachte und mir sagen mußte, daß mich in Luzern sieben bis zehn Jahre Zuchthaus erwarteten. Zehn Jahre, — wie leicht spricht sich das aus! Aber man schließe nur einmal eine Minute lang die Augen und denke sich in die enge, trübe Zelle hinein, gefangen, verlassen, fern von ihnen, nach denen unser Herz schreit, Tage, Wochen, Monate und Jahre, — über dreihundertmillionenmal den Sekundenschlag der trägen Pendeluhr... Und draußen dein Weib, schlimmer als eine Witwe, ergrauend in Sorge und Leid, dein Kind emporwachsend, ohne den Vater zu kennen, dessen Name der Fluch seines Lebens ist... dreihundertmillionenmal tick und tack.

Mein ganzer Mut erwachte in rasender Energie; ich schüttelte die Verzweiflung, die mich zu packen drohte, ab und schrie mir gellend im herzbeklemmenden Schweigen der kalten Kerkermauern zu: »Also gut! Mag denn der Kampf beginnen! Ich einziger Mann gegen euch, ihr unbarmherzigen Richter, — aber ein Mann, der mehr Willen hat, als ihr alle zusammen! Ich *will* aus dieser hoffnunglosen Situation heraus, und weil ich so will, wird es so *sein*!«

Mein Plan stand sofort fest. Bereits am 4. Oktober 1899 begann ich im Frankfurter Gefängnis leichte Verrücktheit zu simulieren, zunächst in der Hoffnung, man würde mir bei der Auslieferung eine amtliche Mitteilung an die Schweizer Behörden in Luzern mitgeben, wonach ich während meiner Haft in Frankfurt schwache Zeichen von Geistesverwirrung gezeigt hätte.

So oft ich mich durch die kleine runde Öffnung in meiner Tür beobachtet wußte oder glaubte, begann ich mit den vier Wänden meiner Zelle hitzige Debatten zu führen und mit leidenschaftlichen Bewegungen auf sie einzusprechen, als ob ich sie für blödsinnig hielte und ihnen Vernunft beibringen wollte. Von Zeit zu Zeit führte ich auch einen graziösen Indianertanz auf und schleuderte dabei abwechselnd meine Schuhe an die Decke, was natürlich einen ganz anständigen Lärm verursachte.

Am nächsten Tage wurde ich vom Inspektor zum Gefängnisarzt geführt. Ich stellte mich bei dieser Inspektion jedoch nur etwas blöde, da ich keine Lust hatte, für sechs Wochen der Irrenabteilung des Krankenhauses in Frankfurt am Main überwiesen zu werden.

Trotzdem hatte der Arzt große Lust mich dort beobachten zu lassen, und nur auf mein ausdrückliches Versprechen, mich in Zukunft musterhaft zu führen, nahm er Abstand davon.

Somit verübte ich von nun an keinen Unfug mehr, sondern begnügte mich, eine leichte, im Vergleich mit der Durchschnittsmenschheit beinahe normale Stupidität zu markieren.

Dieses gute Verhalten war auch der Grund, weshalb ich

weit bessere Kost als die anderen Untersuchungsgefangenen erhielt, mir für mein Geld kaufen durfte, was mein Herz begehrte, und mit ungewöhnlicher Rücksicht in die Schweiz transportiert wurde.

Am 6. Dezember 1899, neun Uhr abends, sah ich Luzern wieder.

Einmal dort im Gefängnis, begann ich meine Simulation zu steigern und mir besonders mit meinem dortigen mir unvergeßlichen Untersuchungsrichter die unglaublichsten Scherze zu leisten. Im Jahre 1910 darf ich die Schweiz wieder betreten, und ich freue mich schon heute auf sein Gesicht, wenn ich an seiner Klingel ziehe.

Anfänglich zweifelte ich wohl an dem Erfolg meines Versuchs; ich sage mir jedoch immer wieder: »Warum soll es bei festem Willen nicht gehen? Dieser Homo sapiens da vor dir ist doch auch nur ein Mensch, der ißt, trinkt und schläft und, wenn er sich erkältet, niest, und ich will und muß ihn zu dem Glauben zwingen, daß ich tatsächlich heillos verrückt bin. Was ist denn überhaupt Geisteskrankheit und woran erkennt man sie? Ist sie nicht eine sichtbare Störung des geistigen Gleichgewichts, ein Versagen der Hemmungsvorstellungen einer zügellosen Phantasie gegenüber, und ihre äußeren Zeichen unzusammenhängende, wirre Reden, sinnlose unmotivierte Bewegungen und exaltierte oder alberne Blicke? Ich bin freilich kein Mediziner. Ich bitte also die Ärzte, die diese Definition für total falsch erachten, mich darum nicht für verrückt zu erklären, und die, welche sie zutreffend finden, nicht daraus zu folgern, daß ich komplett wahnsinnig sein müsse, um als Laie das Wesen der Krankheit so wundervoll schildern zu können.

Nun wohl — angenommen, daß ich recht hatte —,

warum sollte ich, der ich meine Züge solange zu beherrschen gewußt hatte, nicht auch die Maske des Wahnsinns auf mein Gesicht drücken? Der andere Mensch dort vor mir konnte mir doch nur in das Antlitz und in die Augen blicken, aber nie und nimmer durch die Schädeldecke in mein Hirn hinein.

Ich sagte mir, daß ich auch dieses Mal mein inneres Denken und äußeres Aussehen völlig identifizieren, mir jede nötige Bewegung meines Gesichts genau einprägen und endlich während der Viertelstunde unter den Augen der Richter und Irrenärzte aus tiefster Seele selbst überzeugt sein, daß mein Gehirn gestört und Manolescu tatsächlich verrückt sei. Die einfache Folge würde und müßte dann sein, daß diese Richter und Ärzte auf meinen Zügen die zweifellosen Zeichen des Wahnsinns erkennen würden, der — meinem Gesicht und Wesen nach zu urteilen — wirklich dort hinter meiner Stirn tobte, und keine Menschenmacht die Wahrheit aus meinem Gehirn zu zerren imstande wäre.

»Also wir beide, du Richter, du Arzt, du Gefangenen- und Krankenwärter, du Verteidiger und Zuhörer! Ich will dich zwingen, mich für verrückt zu halten, und du, der du viel weniger Energie und Ausdauer hast als ich, du mußt — verstehst du wohl, du mußt! — dich unbedingt überzeugen lassen, daß ich, der Mann, der hier vor dir steht, von den Furien des Wahnsinns gehetzt bin!«

Ich wußte, es war ein Duell der menschlichen Willenskraft, aus dem ich mit Aufbietung meiner ganzen Energie als Sieger hervorgehen wollte.

Eins war allerdings vor allem zum Gelingen nötig, ein ungewöhnliches Gedächtnis und eine außerordentliche Selbstbeherrschung, die auch nicht eine Sekunde versagen durften, — Eigenschaften, die die Natur mir glücklicherweise verliehen hatte.

Entschlossen und fest gewappnet begann ich im Dezember 1899 meinen Kampf mit den Vertretern des Gesetzes und ging nach zwei Monaten hartnäckigen, rastlosen Ringens als Sieger hervor; statt einer Strafe von sieben bis zehn Jahren Zuchthaus erhielt ich nur sechs Monate.

Wie man sieht, vermag man selbst als Verbrecher, gefangen und hilflos, sein Schicksal zu lenken. Man muß nur die Menschen — mögen es Richter oder Ärzte oder sonst etwas sein — als Schwämme und Kautschukbälle betrachten, die man mit eiserner Hand zusammenpreßt. Das war die Art, wie ich allen Schwierigkeiten entgegentrat, und mit Recht schreibt der Corriere della Sera (Mailand) vom 12. Juli 1905: »Georges Manolescus vergangenes Leben ist ein unaufhörlicher moralischer Ringkampf zwischen ihm und der ganzen Menschheit gewesen.«

XVII

Es war im Oktober 1900.

Schon vor dieser Zeit hatte ich recht stattliche Beträge in Händen gehabt, aber noch niemals hatten 350000 Mark bar in einer Summe vor mir gelegen.

Ich sagte mir, daß jetzt mehr als je der Moment gekommen war, um in der Rolle eines reichen Aristokraten zu meinem Ziele, der heißersehnten, reichen Heirat zu gelangen. Denn wie ich erfahren hatte, war seitens meiner Frau, besonders auf Drängen ihrer Familie hin, die Scheidungsklage gegen mich eingereicht und das Urteil jeden Tag zu erwarten. Ich befand mich in Bremen, also in dem hochmütigen Deutschland, und nirgendwo anders konnte ich meinen Plan besser ins Werk setzen, als gerade hier. Denn in diesem Lande läßt man sich mehr als andernorts durch Adelstitel, klingende Namen und ähnliche Äußerlichkeiten blenden.

Ich brauchte mich daher nur als »Fürst« in die Hauptstadt dieses gewaltigen Reiches zu begeben, um einer glänzenden Aufnahme sicher zu sein.

Am nächsten Tag, nachdem ich die 350000 Mark erhoben hatte, fuhr ich zunächst nach Frankreich und von dort nach Berlin.

Ich hatte mir einen Kammerdiener, einen Sekretär und sogar einen Kurier engagiert.

Zwar hatte ich absolut keine Verwendung für diese überflüssigen Statisten. Aber wenn selbst ein noch so waschechter Fürst ohne diese lächerliche Umgebung reiste und lebte, so würde ihn die idiotische große Menge doch zweifellos für einen ganz faulen Theaterprinzen halten. Und da ich einerseits nur ein Selfmade-Fürst war, andererseits aber es gerade auf diese Idioten abgesehen hatte, so mußte ich mit den Wölfen heulen und »fürstlich« mit allem nötigen Tamtam auftreten.

Aus dem gleichen Grund begab ich mich bei meiner Ankunft in Berlin in den feudalen Kaiserhof, nahm eine Flucht von Zimmern nach vorn heraus, ließ den Empfangssalon noch luxuriöser und behaglicher ausstatten und steckte meinen Herrn Kammerdiener in eine auffällige Livree— Frack, seidene Weste und rotseidene Eskarpins —, alles mit blinkenden Knöpfen besetzt, die die Fürstenkrone aufwiesen.

Dieser Kammerdiener hielt an der Tür meines Empfangszimmers und der Sekretär im nächsten Raum Maulaffen feil. Der Kurier hatte die Aufgabe, unterwegs vor mir herzufahren, mein Gepäck aufzugeben und am Reiseziel im Hotel Quartier und Stimmung für mich zu machen. In Berlin hatte er natürlich nichts zu tun und half den beiden anderen Harlekins die Wände zu dekorieren.

Das Ganze machte auf Hotelpersonal und Publikum einen imposanten Effekt, und wenn ich nicht leider ein lebhaftes Gefühl für die lächerliche Seite solcher Maskeraden hätte, so würde ich damals vor mir selbst Respekt bekommen haben.

Die Mücken flogen in Scharen in das Licht.

Zuerst waren es einige junge Gardeoffiziere, die ich in Paris kennengelernt hatte und die mich mit »kolossalem« Vergnügen wieder aufsuchten, um sich mit dem »charmanten Fürsten« nach Kräften zu amüsieren.

Die Herren machten mir liebenswürdig die Honneurs ihrer Garnison, schleppten mich, soweit es ihnen der

Dienst gestattete, bei Tag und bei Nacht überall umher und führten mich schließlich auch in die beliebtesten aristokratischen Salons ein. Selbstredend war von Georges Manolescu hierbei keine Rede, sondern der Fürst Georges Lahovary war es, der sich die Herzen Berlins, seiner Bewohner und — Bewohnerinnen im Sturme gewann. Denn ob man hier die rassige Tochter eines blaublütigen Edelmanns oder die breithüftige Göhre eines reichgewordenen Viehhändlers mit ihren Millionen heiraten will, — in jedem Falle ist es unbedingt nötig, Graf X. oder Freiherr von Y. zu heißen; und was den Viehhändler betrifft, so ist manchem ein unechter Fürst vielleicht noch lieber, als ein standesamtlich beglaubigter Herr Müller. Man denke sich nur den Neid und Haß auf dem Viehhof bei solcher grandiosen Verlobung! Dieser stolze Moment wiegt ein zertrümmertes Frauenleben doch zehnmal auf...

Es boten sich mir binnen kurzem einige Partien aus dem preußischen Adel; da sie aber materiell nichts boten und ich genug davon hatte, eine relativ arme Aristokratin zu heiraten, auch die Scheidung von meiner Frau sich in die Länge zog und ein Ende noch nicht abzusehen war, beschränkte ich mich darauf, mich der kleinen amerikanischen Witwe zu widmen, die ich bereits in Boulogne-sur-Mer kennengelernt hatte und die die erwünschten Millionen vollauf besaß.

Ich konzentrierte also auf diese das ganze Feuer meiner Batterien.

Aber wenn es für einen kecken Burschen absolut leicht ist, sich als Fürsten auszugeben, so ist es andererseits verteufelt schwierig, finanziell diese Rolle mit allen Schikanen durchzuführen.

Obgleich daher bei meiner Bewerbung um die niedliche Witwe alles wie am Schnürchen ging und die Aussichten auf ein Zustandekommen der Heirat von Tag zu Tag wuchsen — sie hätte bestimmt stattgefunden, wenn ich nicht am 14. Januar 1901 in Genua verhaftet worden wäre —, so sah ich augenblicklich doch mit großer Unruhe, wie bei den vielen Unkosten und schweren Spielverlusten meine 350000 Mark wie Schnee in der Sonne dahinschmolzen.

Ich hatte jedoch einmal A gesagt und mußte nun notgedrungen auch B sagen. Ich konnte doch unmöglich mit dem sicheren Erfolg vor Augen auf halbem Wege stehen bleiben und tröstete mich mit dem Gedanken, daß es sicherlich das letzte Mal sein würde, bevor ich endlich das Glück mit eiserner Faust für immer gepackt hätte.

Ich beging also die Diebstähle im Kaiserhof und Hotel Bristol, die mich nach siebzehnmonatlicher Haft und ärztlicher Beobachtung in das Irrenhaus brachten.

Welch furchtbarer Gegensatz zwischen der heiteren Ouvertüre meines Gastspiels in Berlin und seinem düsteren Finale!

Mit 350000 Mark trat der Fürst Lahovary in die Berliner Welt, die den lebenslustigen, charmanten Kavalier mit offenen Armen empfing; und anderthalb Jahre später wanderte Georges Manolescu bei völlig klarem Verstande vielleicht für lebenslänglich in das Irrenhaus Berlins.

Wie erwähnt, wurde ich am 14. Januar 1901 auf Antrag des deutschen Konsuls in Genua verhaftet.

Der Polizei und dem Untersuchungsrichter dort gab ich überhaupt keine Antwort.

Aber um so mehr Zeit hatte ich während der viereinhalb Monate, die ich im Carcere von Genua verlebte, gründlich über meine Lage nachzudenken.

Ich hatte bisher noch niemals mit den deutschen Gesetzen zu tun gehabt, verhehlte mir jedoch nicht, daß mir— obgleich es sich weder um schweren Einbruch noch um allzu große Summen handelte — doch einige Jahre Gefängnis sicher waren. Und in dem Schweigen und in der Enge meines Kerkers wurde von neuem der naheliegende Gedanke in mir zum eisernen Entschluß, sofort bei meiner Ankunft in Deutschland hartnäckig und überzeugend Wahnsinn zu simulieren, wie ich es in der Schweiz bereits mit so gutem Erfolg getan hatte.

Am 1. Juni 1901 langte ich in Berlin an und wurde in das Untersuchungsgefängnis nach Moabit überführt. Man brachte mich umgehend vor den Untersuchungsrichter, und sobald dieser Beamte mir die Anklageschrift vorgelesen hatte, begriff ich, daß meine Befürchtungen im Carcere von Genua nicht übertrieben gewesen waren.

Ich begann das moralische Duell im Juni 1901 und beendete es nach etwa zwölf Monaten am 28. Mai 1902.

Solange ich in meiner Zelle allein war, las ich ruhig meine Zeitungen und Bücher und begnügte mich, von Zeit zu Zeit, wenn ich mich durch den Schieber beobachtet wußte, irgendeine unmotivierte Geste oder sinnlose Bemerkung zu machen.

Sobald ich mich jedoch einem Irrenarzt oder Gefängnisbeamten gegenüber sah, sagte ich mir unaufhörlich: »Paß auf, Georges, denke immer daran, daß du jetzt wirklich verrückt bist, daß dein Verstand in diesem Augenblick ›ganz wunderliche Blasen treibt‹«.

So begann ich meine Komödie zu spielen, die mich auf

ärztliche Anordnung für sechs Wochen in die Beobachtungsstation der Charité führte.

Ich entsinne mich noch mit größter Schärfe aller Vorgänge bei meiner Ankunft dort am 1. Oktover 1901 um halbzehn morgens. Ich fuhr in dem »grünen Wagen« von Moabit zum Krankenhaus; hier wurde ich der Direktion übergeben und in einen Wartesaal geführt, wo mich nur ein ganz junger Krankenwärter bewachte.

Da ich meine Zivilkleider trug und im Kragen meines Paletots einen Fünfhundertfrankenschein eingenäht hatte, war dies eine glänzende Gelegenheit zur Flucht.

Schon war ich im Begriff, meinen Gedanken zur Tat werden zu lassen, als ich im letzten Augenblick doch davon Abstand nahm. Denn im Falle des Mißerfolges wäre ich sicher nach Moabit zurückgebracht und mein Simulationsplan zugleich ins Wasser gefallen.

Im nächsten Moment trat der Arzt ein, und ich ließ mich ohne Widerstand auf Station 29 des gewaltigen Krankenhauses führen.

Obwohl ich mich völlig ruhig verhielt, wurde ich hier doch wie ein wirklicher Geisteskranker behandelt.

Man zog mir meine ganze Zivilkleidung aus, steckte mich in einen geradezu unmöglichen Krankenanzug und führte mich in einen Saal im Erdgeschoß der Station 29, wo mich ein höherer Arzt sofort aufsuchte.

Ich antwortete diesem nicht auf seine Fragen und sträubte mich nur, die verschiedenen Bewegungen auszuführen, die er von mir behufs genauer körperlicher Untersuchung forderte; ich gab mir hierbei den Anschein eines überängstlichen, eingeschüchterten Menschen, der eine ärztliche Untersuchung schon für ein Todesurteil hält.

Bald darauf kehrte der leitende Arzt der 29. Station von seinem Urlaub zurück, untersuchte mich gleichfalls — ein Vorgang, der für mein künftiges Schicksal von hoher Bedeutung war — und stellte auch seinerseits fest, daß ich tatsächlich komplett verrückt sei.

Endlich erschien auch der Chef der gesamten Abteilung für nervöse Krankheiten, der vier Tage nach meiner Ankunft seine wöchentliche Inspektion machte.

Im Saal des ersten Stocks, in dem ich interniert war und der Tag und Nacht geschlossen gehalten wurde, befand sich auch ein Postschaffner, der, soweit ich mich entsinne, Stern hieß und nach einem gemeinsamen Einbruch beim Streit um die Beute einem seiner Komplizen den Kopf abgeschnitten hatte. Er war verhaftet und, da er den wilden Mann machte, ebenfalls auf Station 29 der Charité gebracht worden.

Der Geheimrat ließ sich diesen Mörder vorführen. Ich war zugegen, als der Unglückliche, der später hingerichtet wurde, mit äußerster Plumpheit zu simulieren begann, und hörte, wie der Geheimrat ihm in aller Gemütlichkeit sagte »Mein Lieber, geben Sie sich doch keine Mühe! So dumm, wie Sie zu glauben scheinen, sind wir Ärzte denn doch nicht.«

Diese Worte, die einen anderen vielleicht verwirrt und unsicher gemacht hätten, bestärkten nur meinen Entschluß, alles aufzubieten, um meinen Zweck zu erreichen.

Nachdem der Geheimrat fünf bis sechs andere mehr oder minder verrückte Patienten inspiziert hatte, trat er zu mir, unterhielt sich kurze Zeit mit mir, wandte mir dann den Rücken und erklärte kurz seinem Assistenten: »Geistig anormal infolge erblicher Belastung.«

Was diese »erbliche Belastung« anbetrifft, die in allen

Gutachten der Ärzte eine so überwiegende Rolle spielte, so verhält es sich damit folgendermaßen:

Meine Mutter hat niemals den Fuß in ein Irrenhaus oder in irgend eine Nerven- oder Kaltwasserheilanstalt gesetzt und ist in jungen Jahren an Krebs gestorben. Die ganze Fabel stammt von meinem alten Vater her, bei dem polizeiliche Nachforschungen über mich gehalten wurden und der durch diese Angabe zu meiner Rettung beizutragen hoffte. Es ist dies ein ganz gewöhnlicher Vorgang; sobald ein Verbrecher abgeurteilt werden soll und sein Verteidiger auf die nicht gerade originelle, aber altbewährte Idee kommt, ihn durch Anzweiflung seiner geistigen Gesundheit vor der entehrenden Strafe zu retten, strömen von allen Seiten die Verwandten zur Unterstützung herbei. Ob sein Großvater sich an Kaisers Geburtstag einmal fürchterlich die Nase begossen hat und nach Hause transportiert werden mußte, ob seine Tante ein uneheliches Kind bekommen, seine Mutter sich nicht auf Goethes Geburtstag besinnen konnte, ob ihm selbst im zehnten Lebensjahr ein Stein an den Kopf geflogen ist oder er sich mit zwanzig Jahren an einem Lyrikwettbewerb beteiligt hat, — ganz gleich, es wird mit Dank zu den Akten genommen und dem Gericht aufgetischt.

So glaubte auch mein guter Vater sich reichen Lohn um mich verdient zu haben, wenn er auf Kosten meiner toten Mutter mich für erblich belastet erklärte.

Am 11. November 1901 wurde ich nach Moabit zurückgebracht.

Erst Ende Januar des nächsten Jahres statteten drei Ärzte der Charité der Königlichen Staatsanwaltschaft ihr Gutachten dahin ab, daß ich ausgesprochen geisteskrank sei. Aber diese Behörde war nicht derselben Ansicht und ernannte noch zweimal eine Kommission von Psychiatern, die mich nochmals untersuchen sollten.

Diese Kommissionen kamen zu demselben Resultat wie die Autoritäten der Charité.

Merkwürdig jedoch war es, daß der überwiegende Teil der Oberaufseher und Wärter bei weitem skeptischer war und wiederholt unter sich und vor ihren Vorgesetzten erklärte, daß ich nichts weiter als ein geriebener Simulant sei.

Glücklicherweise schloß sich mein Untersuchungsrichter der Ansicht der Ärzte an. So wurde ich denn auf Grund dieser einstimmigen Gutachten zwar freigesprochen, auf Antrag der Staatsanwaltschaft jedoch — obwohl ich nur zwei Diebstähle in Berlin verübt, niemandem Gewalt angetan, keine Nachschlüssel gebraucht und keine Tür erbrochen hatte, — als gemeingefährlich mit einunddreißig Jahren für unbestimmte Zeit in Herzberge eingeschlossen.

Als ich damit begann den Verrückten zu spielen, hatte ich mich genau zu informieren versucht und erfahren, daß ich im Falle des Gelingens bedingungslos freigesprochen werden würde. Wie man weiß, kam es etwas anders. Und doch war weder in mir, noch in meinem Verteidiger während der langen Untersuchungshaft auch nur ein einziges Mal der Gedanke aufgetaucht, daß ich wegen zwei einfacher Diebstähle, die mir 39000 Mark gebracht hatten, das Irrenhaus wagte. Als mir daher am 28. Mai 1902 dieser Urteilsspruch verkündet wurde, machte er absolut keinen Eindruck auf mich; ich war einfach nicht imstande, seine Tragweite zu erfassen, und erst der Sturm, der durch die Zuhörerschaft ging, klärte mich über mein Schicksal auf.

In demselben Augenblick blitzte der Gedanke durch meinen Kopf: »Das wird nie und nimmer geschehen! Ob ihr es wollt oder nicht, und wenn ihr mich mit tausend Ketten anbindet, — es wird nicht lange dauern und ich atme wieder die Freiheit!« Und zugleich sagte ich mir selbst: »Mut, Georges, Mut, mein Freund, jetzt mehr als je! Gibst du dich jetzt verloren, so bist du es für ewig! Die Ärzte hast du überwunden, — nun überwinde auch das Irrenhaus!«

Am 28. Mai 1902 fünf Uhr abends schwur ich mir dies, und dreizehn Monate später, in der Nacht vom 9. zum 10. Juni 1903 um zwei Uhr nachts, löste ich mein Wort ein.

Am 31. Mai wurde ich in einem der Zellenwagen zum Polizeipräsidium, den Tag darauf in die Irrenanstalt Herzberge geschafft.

Die mich begleitenden Wärter knüpften ein Gespräch mit mir an; sie gaben mir den guten Rat, falls ich je wieder in eine solche Lage kommen sollte, zehnmal lieber zehn Jahre Gefängnis zu riskieren, als mich nach Herzberge bringen zu lassen, wo ich so leicht nicht wieder herauskommen würde. Ich sah dem Mann, der mir das sagte, fest in die Augen und antwortete ihm mit knirschenden Zähnen: »Ich werde früher frei sein, als Sie es sich träumen lassen!«

Um vier Uhr nachmittags schloß sich das Tor von Herzberge für immer hinter mir.

Glücklicherweise war es nicht unbedingt nötig, gerade durch dieses Tor wieder hinauszukommen.

Am Tag nach meiner Ankunft wurde ich in dem stärksten Teil der Irrenanstalt, dem »Festen Haus«, mit acht Verrückten zusammengesperrt, unter denen ich in Zukunft mein Leben verbringen sollte. Kaum waren wir zu neunt in unserer nicht allzu geräumigen Stube eingeschlossen, als diese unglücklichen Burschen ein Höllenkonzert begannen, das Geschirr aus Pappmaché mit Gebrüll gegen die Decke schleuderten und allerhand groteske Ring- und Boxerkämpfe unter sich begannen. Vergebens suchte ich immer wieder die Ärmsten zur Vernunft zu bringen, stets scheiterte mein Bemühen und ich vermochte meistens den größten Teil der Nacht kein Auge zu schließen. Da mir immer mehr klar wurde, daß ich auf diese Art über kurz oder lang selbst verrückt werden müßte, bat ich den Oberarzt wiederholt um eine Einzelzelle. Nach sechs Monaten wurde meine Bitte gewährt.

Tag um Tag und Nacht um Nacht verging in ödem Gleichmaß, und noch immer tauchte nicht der leiseste Hoffnungsschimmer in der dunklen Nacht meiner Verlassenheit auf.

Als ich endlich erkannte, daß ich keine Hilfe von außen — durch eine neue ärztliche Untersuchung, eine Revision der Anstalt oder irgendwoher — zu erhoffen hatte, sagte ich mir eines Tages: »Ans Werk, Georges!«, und von dieser Stunde an hatte ich nur noch den einen Gedanken: die Freiheit!

Ich begann unablässig über die Möglichkeit einer Flucht zu grübeln.

Dies war keine leichte Aufgabe, denn die Anstalt hat Mauern von mehreren Metern Höhe, mächtige eisenbeschlagene Türen mit je drei Sicherheitsschlössern und starke Eisengitter vor den Fenstern, mit denen verglichen die der sonstigen Gefängnisse reine Spinngewebe sind.

Manche der übrigen Insassen des Festen Hauses, die zum Teil schon viele Jahre hier interniert waren, hatten vor mir an solche Flucht gedacht. Aber obwohl sie Verwandte und Freunde genug hatten, die sie besuchen und ihnen Sägen, Feilen oder Geld für ihre Flucht zustecken konnten, trafen sie ihre Maßnahmen doch so ungeschickt, daß alle derartigen Versuche schon in ihren ersten Anfängen scheiterten.

Ich hatte weder Eltern noch Freunde,— keine Seele auf Gottes Welt, die sich um mich kümmerte oder mir auf irgendeine Art helfen konnte. Aber ich hatte etwas Besseres, das unbedingte Vertrauen zu meiner eigenen Energie.

Nicht einen einzigen Augenblick dachte ich daran, irgend einem Menschen meinen Plan anzuvertrauen oder gar mir einen Fluchtgenossen unter meinen Gefährten zu suchen.

Da ich aber weder die Trompeten von Jericho besaß, um die Mauern von Herzberge umzublasen, noch ein »Sesam, tu dich auf«, um die Schlösser zu öffnen, mußte ich auf ein anderes Mittel sinnen.

Allmählich, unter beständigem Nachdenken und Beobachten gewann mein Fluchtplan festere Gestalt.

Ich hatte bisher schon manches Jahr meines Lebens zwischen Kerkermauern verbracht, aber noch niemals unter Wahnsinnigen gelebt.

Während der sechs Wochen, die ich in der Charité unter Nervenkranken verbrachte, hatte ich zwar bereits ein anschauliches Bild von dem Leben zwischen Verrückten bekommen; aber da ich wußte, daß es sich hier nur um zweiundvierzig Tage handelte, litt ich nicht allzusehr.

Ich schäme mich nicht zu gestehen, daß sich das Herz mir zusammenschnürte, als ich an jenem 1. Juni 1902 den Fuß in das Feste Haus setzte.

Mein Blut erstarrte beim Anblick dieser gewaltigen Mauern, die mir ein Grabgewölbe zu umschließen schienen.

Vom ersten Tage an war es für mich Gesetz, daß ich, wenn ich auch nur einige Hoffnung auf Erfolg meines Fluchtversuches haben wollte, vor allem mir Kopf und Sinne klar zu halten hatte, um nicht unter den Verrückten selbst verrückt zu werden.

Ich mußte mir zunächst ein deutliches Bild von den Ortsverhältnissen und der ganzen Atmosphäre der Anstalt verschaffen, in der ich künftig zu leben hatte, und den richtigen Gesichtswinkel finden, von dem aus die Verhältnisse betrachtet werden mußten.

Die ersten Stunden vergingen. Die Sonne neigte sich allmählich zu Abend, draußen funkelte der lachende Sommer über Feld und Wiesen, grüßte hinein zu dem einsamen Mann, den die Gesellschaft und das Gesetz fremder Menschen wie ein wildes Tier von sich gestoßen hatten... Ich saß still am Fenster, stützte den Kopf in die Arme und sann und träumte und grübelte. Und während die Kranken um mich am Boden lagen und die Dielen ableckten, die Mauern küßten und andere widerliche Dinge trieben, flogen meine Gedanken, wie einst im unterirdischen Kerker von Gaillon, nach Paris, nach der sonnigen Riviera, San Francisco, Honolulu und Yokohama, dann wieder zu Weib und Kind, zu all den Aristokraten und Abenteurern, die jetzt in überschäumender Lebenslust im Tiergarten, Bois de Boulogne, Central Park und überall auf dem Erdball sich ihres Daseins freuten...

Erschauernd fuhr ich zusammen.

Und wieder sagte ich mir mit verzweifeltem Mut: »Nicht wahnsinnig werden, Georges, — nur nicht wahnsinnig!«

Ich blickte um mich. Ich sah die Wärter, stattliche kräftige Burschen, wie sie mit völlig klarem Verstande in unserem Saal und auf den Bänken der Korridore sorglos, behaglich mitten unter den ruhigeren Patienten saßen. Und ich sagte zu mir selbst:

»Sieh her, mein Freund, und sei verständig! Du bist hier im Irrenhaus, — gut! Aber dieser Raum hat genau wie alle anderen Wohnungen seine vier Wände, einen Fußboden und eine Decke. Du atmest hier dieselbe Luft, wie in jedem anderen Haus, trinkst Wasser, um deinen Durst zu löschen, und erhältst deine Kost, wie überall auf der weiten Erde.«

»Du hast also absolut keinen Grund, vor diesem Hause wie vor weißglühendem Eisen zurückzuschrecken. Und da du hoffentlich nicht allzulange hier bist, kann es dir doch ganz gleichgültig sein, ob es ein Irren- oder ein Schützenhaus ist...«

»Kümmere dich daher so wenig als möglich um dieses Haus und seine Insassen, verschließe dich in dich selbst, unterhalte dich nur mit dir, mische dich nicht unter deine Gefährten und sprich so wenig als möglich mit ihnen! Und hast du einmal wirklich das Bedürfnis, mit anderen Menschen zu reden, so wende dich an die Wärter, an gesunde, normale Menschen!«

Auf diesem Wege ist es mir möglich geworden, vom ersten bis zum letzten Tage meiner Einsperrung in Herzberge mich aufrecht zu erhalten.

Ende Mai 1903 brach in Herzberge eine Revolte der

Geisteskranken aus, von der ich mich selbstverständlich völlig fern hielt.

Während in der darauf folgenden Nacht die zum Gehorsam zurückgebrachten Kranken um mich herum schluchzten, weinten und röchelten, saß ich die ganze Nacht am Rande meines Bettes und grübelte über meine hoffnungslose, mehr und mehr unerträgliche Lage nach. Und als der Morgen fahl und gespenstisch graute, stand mein Entschluß felsenfest, innerhalb vierzehn Tagen die Flucht zu wagen. Dann legte ich mich auf mein Lager und schlief tief und traumlos mit der unerschütterlichen Überzeugung im Herzen, daß der Entschluß dieser Nacht für mich die Freiheit bedeutete.

Am nächsten Tag war ich genau so ruhig, teilnahmslos und verschlossen, wie ich es das ganze letzte Jahr gewesen war, und nicht ein Zucken meiner Wimpern verriet die Gedanken, die hinter meiner Stirn wühlten und bohrten.

Im Laufe der Monate hatte ich beobachtet, daß während der vierundzwanzig Stunden des Tages die Stunde zwischen elf und zwölf Uhr nachts die war, wo die Aufsicht am meisten nachließ und ein Fluchtversuch daher die günstigsten Chancen bot. Es war mir aufgefallen, daß die beiden Wärter, die im Erdgeschoß und ersten Stock die Wache hatten, häufig auf einer Korridorbank zwischen den allgemeinen Schlafräumen und den Einzelzellen einnickten. Da die übrigen Krankenwärter nach Beendigung ihres Dienstes um acht Uhr abends ihr eheliches Heim aufsuchten oder, soweit unverheiratet, sich auf ihr Zimmer begaben, blieb die Aufsicht über das Feste Haus — abgesehen von Revisionen — lediglich den beiden Wärtern vom Nachtdienst überlassen. Diese Wärter waren natürlich von sehr verschiedenem Charakter und Wesen; denn wenn man erwägt, wie verhältnismäßig bescheiden solche Leute bezahlt werden, so wird man begreifen, daß unter ihnen auch manche ältere, bequeme, nicht gerade tollkühne und weniger umsichtige Leute mit unterlaufen.

Ich sagte mir, daß hier der archimedische Punkt war, wo ich den Hebel anzusetzen hatte.

Den Hebel, der die mächtigen Eisentüren dort unten vor mir öffnen sollte...

Es handelte sich also zunächst darum, einen Tag zur Flucht zu wählen, an dem die zwei diensttuenden Wärter — der des ersten Stocks, in dem ich mich befand, und der des Erdgeschosses — körperlich keinen großen Widerstand erwarten ließen und ihrem Charakter nach wenig zum Mißtrauen neigten.

Die achtundzwanzig Wärter hatten im regelmäßigen Turnus von vierzehn Tagen je einmal Nachtdienst. Ich mußte also vom 28. Mai ab die Nacht abwarten, in der zwei bestimmte Wärter auf Wache zogen; diese hatte ich mir als die geeignetsten ausgesucht, da sie meiner Meinung nach am wenigsten meiner List und Kraft gewachsen waren.

Abend für Abend lauerte ich am Schieber meiner Zellentür, bereit, in wenigen Stunden va banque zu spielen, — Abend für Abend trat ich mit einem Seufzer der Enttäuschung zurück, wenn ich den falschen Wärter erblickte. Elf lange Tage harrte ich fiebernd der Nacht, elf Nächte legte ich mich widerwillig auf mein einsames Lager... bis zum 9. Juni 1903...

XVIII

Als ich in der Nacht vom 9. zum 10. Juni nach acht Uhr abends endlich sah, daß der von mir auserkorene Wärter in meinem Korridor die Wache übernahm, zitterte mir das Herz vor Freude.

Atemlos setzte ich mich auf mein Bett und sagte zu mir selbst:

»Mein alter Georges, heute hat also die Stunde der Freiheit geschlagen! Das nächste Morgengrauen sieht dich entweder zu neuem Leben erstanden oder für alle Zeit lebendig begraben. Wenn diese Nacht nach elf Uhr der Oberwärter den Pavillon verlassen hat, — geh vorwärts, geh durch, ohne Furcht, ohne Zögern! Gebrauche deine Kraft, und wenn es nötig wird, gebrauche Gewalt! Aber vermeide es einen Menschen zu töten! Und soll es nun einmal nicht anders sein, so stirb lieber im Kampf mit diesen beiden Wärtern, als daß du dich ergibst!«

Und wie eine Katze stundenlang regungslos auf die Maus lauert, so harrte ich in unsäglicher Spannung auf den günstigen Augenblick.

Durch das kleine Fenster meiner Zellentür konnte ich alle Bewegungen meines Wärters, sowie das Fortgehen des Oberwärters um elf Uhr abends beobachten. Von jetzt ab wartete ich nur noch auf die Rückkehr von zwei anderen Wärtern, die in meinem Zellenrayon ihre Zimmer hatten; da sie an diesem Tage dienstfrei waren und Stadturlaub genommen hatten, kehrte der eine erst um halb eins, der andere um dreiviertel zwei zurück.

Nachdem ich ihre Heimkehr beobachtet und mich überzeugt hatte, daß völlige Ruhe in ihren Zimmern herrschte, war mit dem nächsten Vorüberkommen des Wärters vom Dienst der Moment zum Handeln gekommen. Um halb drei tauchte er auf seiner Inspektionsrunde am Ende meines Korridors auf. Ich klopfte an meine Tür und erwiderte auf seine Frage, daß mir nicht wohl wäre und sofort austreten müßte.

Der Mann, der keine Ahnung von dem Überfall hatte, der ihm bevorstand, öffnete mir ohne jedes Mißtrauen die Tür und begleitete mich vorschriftsmäßig zu dem Abtritt, der ungefähr fünfzig Meter von meiner Zelle entfernt im Hauptkorridor des Pavillons lag.

Ich trug nichts als mein Nachthemd und Sandalen.

Ich begab mich in eines der drei Abteile, die an der Rückwand dieses Raumes nebeneinander gelegen waren, setzte mich auf die Vorderkante des Bretts und blieb so, zum Sprunge bereit, länger als zwanzig Minuten. Endlich wurde der Wärter ungeduldig und rief mich vom Korridor aus an.

Ich antwortete keinen Laut...

Er trat nun — wie ich es beabsichtigt hatte — vom Korridor in den Vorraum der Abtritte und forderte mich zur Eile auf.

Wieder kein Laut als Antwort...

Jetzt öffnete der Wärter ärgerlich die Tür meines Kabinetts und forderte mich nochmals energisch zum Verlassen desselben auf.

Ich erhob mich von meinem Sitz...

In meiner linken Hand — denn ich bin linkshändig — hielt ich ein großes Taschentuch. Ich trat dicht an den Wärter heran und fragte halb ernst, halb scherzhaft:

»Was würden Sie wohl denken, wenn ich in diesem Augenblick, wir beide mutterseelenallein, Mann gegen Mann, Sie packte und überwältigte und ihnen die Schlüssel fortnähme, um mich zu flüchten?«

Der Wärter, mit dem ich stets auf gutem Fuß gestanden hatte, glaubte nichts anderes, als daß ich spaße. Er antwortete:

»Vorwärts! Manolescu! Machen Sie keine faulen Witze! Ich habe keine Zeit mehr!«

Aber kaum hatte der Mann diese Worte gesprochen, als ich wie ein Raubtier auf ihn zuschnellte, ihn mit der rechten Hand fest an der Kehle packte, gegen die Mauer drückte und mit der Linken ihm das Taschentuch in den aus Atemnot geöffneten Mund hineinstopfte. Dann sah ich ihm in das Weiße der Augen und sagte mit eisiger Ruhe:

»Machen Sie keine Bewegung, Mann, oder ich erwürge Sie! Es tut mir leid Gewalt gegen Sie zu gebrauchen. Aber ich muß Ihre Schlüssel haben!«

War es die Bestürzung, der Mangel an Luft oder etwas anderes, — jedenfalls brach der Wärter ohnmächtig zusammen. Ich will auch nicht bestreiten, daß ich in der furchtbaren Erregung des Augenblicks doch wohl schärfer zugegriffen habe, als es in meiner Absicht lag.

Ich riß ihm das Schlüsselbund fort, das er an einem Riemen um den Leib trug, schloß ihn mit seinem eigenen Schlüssel in das Kabinett ein, in dem er bewußtlos lag, und stürzte in sein Zimmer, das offen stand. Hier eignete ich mir seinen Überzieher und einen Betrag von fünf Mark, die auf dem Tische lagen, an.

Dann jagte ich in meine Zelle zurück, die ebenfalls offen geblieben war, zog in rasender Eile meine Hose aus blauem Leinen an, die zur Not als Zivilhose gelten konnte, nahm ein Paar alte zerrissene Stiefel, die mir ein Wärter einmal überlassen hatte, in die Hand und setzte einen Strohhut auf, der mir von der Anstalt als Kopfbedeckung geliefert worden war und annähernd dem eines Arbeiters glich. Ich warf einen letzten Blick auf meine Zelle zurück, — Gott weiß, daß ich dabei nicht: »Auf Wiedersehen!« gesagt habe!

Es handelte sich für mich um Sekunden, denn jeden Augenblick konnte der Wärter zur Besinnung kommen und Lärm schlagen.

Ich passierte den Korridor des ersten Stocks, schloß ihn ab und stieg zum Erdgeschoß hinunter, wo ich ebenfalls die Korridortür von außen zuschloß und den Schlüssel stecken ließ, damit der Wärter dort sie nicht öffnen und mich verfolgen konnte. Dann eilte ich zur Ausgangstür, öffnete im Handumdrehn die drei verschiedenen Sicherheitsschlösser — denn ich kannte durch lange und scharfe, aber unauffällige Beobachtung schon seit Monaten jeden einzelnen Schlüssel, ohne jemals auch nur einen in der Hand gehabt zu haben — und trat aus dem Festen Haus in den frischen Morgen hinaus.

In aller Hast zog ich die Stiefel an, die ich noch in der Hand hielt, lief zur äußeren Umfassungsmauer, kletterte über eines der Türgitter, und sauste auf der anderen Seite vier Meter tief hinab ...

Frei! —

Ohne die Umgebung Berlins zu kennen, stürmte ich in gerader Linie über Hecken, Zäune und Stacheldrähte quer durch die Felder, Gräben und Anpflanzungen auf die Stadt zu, deren Türme mich am dunklen Horizont grüßten.

Nach einem atemlosen Lauf von zwei Stunden gelangte ich an die Stadtgrenze, und zwar am Ausgang der Frankfurter Allee, die — was ich nicht wußte — auf das Polizeipräsidium zuführt. Sobald ich die Silhouette dieses Gebäudes erblickte, wandte ich mich schleunigst in Nebenstraßen, die mich schließlich in die Rosenstraße führten.

Ich hatte die Hemdsärmel aufgestreift und trug mein Jackett und den Mantel des Wärters über dem Arm, um meine vom Stacheldraht zerfetzte Hand zu verbergen, und den Hut keck nach hinten gesetzt, so daß ich völlig einem Arbeiter glich.

Um halb sechs Uhr morgens trat ich in eine Kneipe dicht am Neuen Markt, ließ mir eine Tasse Kaffee und einen Kognak geben und vertiefte mich in den Lokalanzeiger vom 9. Juni abends, teils um wieder Haltung zu gewinnen, teils um mein Gesicht zu verstecken, da doch mein Signalement schon längst der ganzen Polizei durch Fernsprecher mitgeteilt sein konnte.

Ich hatte das Glück, daß keine Seele auf mich achtete. Nachdem ich eine halbe Stunde in dieser Restauration verbracht hatte, begab ich mich um sechs Uhr morgens zu einem Kleiderjuden in der Rosenstraße, dem ich meine Anstaltsjacke aus Drillich als die eines württembergischen Militärmusikers zum Umtausch gegen eine Zivilleinenjacke bei Zuzahlung von drei Mark anbot.

Bargeld lacht! — Der Händler verlangte keine langen Erklärungen über »württembergische Musik«, sondern nahm ohne weiteres das Geld und tauschte mir meine Drillichjacke gegen eine Bluse aus blauem Leinen um.

Hierauf verkaufte ich einem zweiten Trödler in derselben Straße den Paletot des armen Wärters, der mir sechs

Mark einbrachte, und kletterte dann in einen Omnibus, der in der Richtung fuhr, wo eine alte Freundin von mir wohnte.

Früh um halb acht klingelte ich an ihrer Tür.

Ich wußte, daß ihr Gatte beruflich meist abwesend war. Ich fragte daher das niedliche Kammerkätzchen, das mir öffnete, zuerst nach dem Hausherrn, und als ich hörte, daß dieser abwesend sei, nach der gnädigen Frau. Die Zofe musterte mich äußerst betroffen — man vergesse mein Kostüm und die frühe Stunde nicht! — und sagte dann rein mechanisch: »Die gnädige Frau ist noch nicht aufgestanden... Die gnädige Frau empfängt nicht...« Ich war aber nicht aus Herzberge entflohen, um endlos mit einem kleinen blonden Besen zu parlamentieren. Ich faßte sie unter das Kinn, sagte lächelnd: »Aber mein Herzchen!« und ging an der ganz Konsternierten vorbei in das mir wohlbekannte Schlafzimmer der Gnädigen... Veilchenduft, Spitzen und schillernde Seide im Halbdunkel der zusammengezogenen schweren Vorhänge... Ich schlage sie zurück, ein schlaftrunkenes Weib fährt aus ihren Kissen hoch...

Ich habe viel in meinem Leben gesehen, hier jedoch zum ersten und einzigen Mal einen Menschen, der tatsächlich minutenlang sprachlos war. Endlich stieß sie halb entsetzt und zweifenld, halb in jubelnder Gewißheit die Worte hervor: »Georges, bist du es?«...

Seit zweieinhalb Jahren küßte der »Irre von Herzberge« zum erstenmal wieder einen roten, blühenden Frauenmund...

Nachdem sie mir einen Zivilanzug besorgt und Bargeld — das Wenige, was sie gerade im Hause hatte — geliehen, ging ich bis halb zwölf im Tiergarten spazieren; dann begab ich mich zum Anhalter Bahnhof und stieg in den nächsten Personenzug nach Dresden, und zwar geruhte Fürst Lahovary diesmal in der vierten Klasse Platz zu nehmen.

Bis Dresden ging alles wundervoll, nur bei der Ankunft ereignete sich ein kleiner Zwischenfall, der mich unter Umständen hätte verraten und mein bescheidenes Inkognito lüften können. Mein Fahrschein lautete bis Dresden-Neustadt, ich fuhr jedoch irrtümlich bis zur Altstadt durch. Hier hielt mich an der Kontrolle der Beamte fest und verlangte eine Nachzahlung von zehn Pfennig. Obwohl ich mich beeilte meinen Nickel zu bezahlen, sammelten sich doch in wenigen Sekunden an die hundert Menschen um uns und stierten mir mit einer Neugierde in das Gesicht, als ob ich mit der Kronprinzessin Luise durchgegangen wäre. Zum Glück befand sich unter der Menge kein Geheimpolizist, der mich hätte erkennen können, und ungestört durfte ich den Weg zum Ausgang nehmen.

Den Abend desselben Tages bummelte ich gemütlich in den Dresdner Straßen und Anlagen umher, immer in der altgewohnten straffen Haltung, der leider jedoch mein Äußeres durchaus nicht entsprach.

Der Anzug, den meine Freundin in Berlin für mich besorgt hatte, war viel zu groß und daher auffälliger als das Fantasiekostüm, in dem ich mich zu ihr geflüchtet hatte.

Um diesem sehr gefährlichen Übelstand abzuhelfen, entschloß ich mich notgedrungen, nach langer Pause noch ein letztes Mal zu »requirieren«. Mir fehlte ein Anzug und Geld zur völligen Rettung.

Zu diesem Zwecke betrat ich am nächsten Tage das

Hotel »Europäischer Hof«. Ich drang in das erste beste Zimmer im ersten Stock ein, das anscheinend ein Gentleman bewohnte, und fand dort alles, was ich mir gewünscht hatte, das heißt Kleider, Stiefel, Wäsche, Krawatten und anderes, selbst einen eleganten Spazierstock.

Nachdem ich mich vom Kopf bis zu den Füßen vollständig umgezogen hatte, verließ ich das Zimmer und wandte meine Aufmerksamkeit den benachbarten Räumen zu. In zweien von ihnen fand ich eine hübsche Auswahl an Schmuckstücken und andere Wertsachen. Ich steckte sie in die verschiedenen Taschen meines neuen Anzugs und stieg die Treppe mit derselben Ruhe wieder hinab, mit der ich soeben heraufgekommen und schon so viele hunderte ähnlicher Treppen auf- und abgewandert war.

Der Portier, an dem ich vorbeikam, grüßte mich tief und ehrerbietig wie einen Erbprinzen. — Kleider machen Leute...

Zehn Minuten später verkaufte ich die Schmucksachen an einen Dresdner Juwelier. Um fünf Uhr abends saß ich wieder im Zug, um in Bodenbach die Grenze des deutschen Reiches zu überschreiten und meinen Fuß auf österreichischen Boden zu setzen.

Endlich ganz frei, — gerettet!

Es gibt kein Auslieferungsgesetz in der ganzen Welt, das mich vom Ausland aus wieder in das preußische Irrenhaus zurückbringen könnte.

Aber keinem Menschen auf Gottes Erde möchte ich die Minuten wahnsinniger Angst gönnen, während der Zug bei Bodenbach, kurz vor der Grenze hielt, um teilweise nach Tetschen hin rangiert zu werden, bis er endlich, endlich, ganz langsam in die österreichische Station rollte.

Während dieser qualvollen Spanne Zeit saß mir in der dritten Klasse, in der ich vorsichtigerweise fuhr, ein sächsischer Gendarm in Helm und Bandolier gegenüber und bot alles auf, mir durch einige Mikosch-Witze seine Intelligenz ad oculos zu demonstrieren.

Ich küßte nicht den teuren Boden dieses gesegneten Landes, aber ich war von so unsäglicher, überquellender Freude erfüllt, daß ich am liebsten all die hübschen Mädchen im Teplitzer Zuge, ja selbst eine alte Schwiegermutter neben mir umarmt hätte, obwohl diese einem weiblichen Orang-Utan wie aus dem Gesicht geschnitten war.

XIX

Ich habe bereits erzählt, wie ich vergebens versuchte, in der Heimat mein Brot mit ehrlicher Arbeit zu verdienen. Die Strafe für meine Vergehen, die ich in achtjähriger Haft in Gefängnissen, Zucht- und Irrenhäusern reichlich gebüßt zu haben glaubte, hat mich in ihrer vollen Schwere erst zu der Zeit getroffen, als ich ein neues Leben begann.

Die Heimat verschloß sich mir. Ich ging nach Konstantinopel. Schon war ich dort als Empfangschef eines großen Hotels engagiert, als der Besitzer sich meines Namens »Manolescu« entsann und mich vor die Tür setzte. Mit wenigen Groschen in der Tasche fuhr ich nach Budapest. Auch hier fand sich keine Hilfe für mich. Aber der Besitzer des Hotels Bristol, der mich in den vergangenen Tagen des Glücks gekannt hatte, besaß Herz genug, mir eine ansehnliche Summe zu leihen.

Mit diesem Geld fuhr ich über Wien nach Paris. Dort suchte ich alle die alten Hehler auf, die Hunderttausende an mir verdient hatten und jetzt als Millionäre lebten, alle die alten Freunde und Komplizen, für die ich immer eine offene Hand gehabt hatte. Mein Vertrauen hatte mich nicht getäuscht, — sie brachten glücklich lumpige neunhundert Francs zusammen, mit denen ich über Brüssel nach Antwerpen fuhr, um nach Amerika zu gehen.

Ich kam bei tropischer Hitze am 11. Juli 1904 in New York an.

Geistige Arbeit bot sich mir dort nicht. Ich war aber bereit, die niedrigste körperliche Arbeit zu leisten.

Um nicht zu warten, bis meine letzten Pfennige

verbraucht waren, und dann zu verhungern oder wieder stehlen zu müssen, nahm ich eine Stellung als Automobilputzer bei dem Erzmillionär Huntington in der Nähe von New York für monatlich fünfundvierzig Dollar. Es war eine ungewohnte, schmutzige, mühselige Arbeit — von halb sieben morgens bis acht Uhr abends —, wie ich sie in den dreiunddreißig Jahren meines Lebens noch nicht kennengelernt hatte, denn es waren zwölf Automobile zu reinigen und zu putzen.

Nachdem ich einen Monat hindurch diese Stellung bekleidet hatte, hörte ich, daß man für die Weltausstellung sprachkundige junge Leute suche. Ich meldete mich Mitte Juli. Bald darauf stand ich in St. Louis vor einer Indianerbude, wo ich von morgens bis abends in allen Sprachen, die ich beherrschte, mit lauter Stimme die Narren dort draußen aufforderte, gegen Zahlung von 25 Cents die Narren dort drinnen zu bewundern. Dieses Geschäft betrieb ich drei Monate.

Nach Schluß der Ausstellung ging ich nach Buffalo und machte einer Regierungszeitung das Angebot, Artikel zur Belebung der europäischen Einwanderung zu schreiben. Meine Offerte wurde angenommen.

Im Frühjahr 1905 arbeitete ich wieder an Zeitungen — unter anderen in Montreal, Ottawa, Brandon Viktoria, Vancouver —, bei denen mir die Empfehlungen meiner früheren Chefs Eingang verschafften.

Im März 1905 ging ich nach San Francisco, wo ich redaktionell beschäftigt wurde.

Ich ging im Mai 1905 über Paris, wo ich mich nicht aufhalten durfte, da ich noch immer aus Frankreich ausgewiesen bin und sechs Monate Gefängnis riskiere, nach Mailand.

Die Welt will betrogen sein, gewiß.

Sie wird aber sogar ernstlich böse, wenn Du es nicht tust.

Georges Manolescu wurde am 20. Mai 1871 in der Stadt Ploieşti in Rumänien geboren. Sein Vater war Hauptmann der Kavallerie, die Mutter, eine berühmte Schönheit (»die schöne Gebirglerin«), starb schon 1873, so wurde Georges Manolescu von der Großmutter erzogen. Nach erfolglosen Schulbesuchen wurde er vom Vater 1885 in die Seekadettenschule in Galaţi geschickt, jedoch desertierte der junge Mann bereits nach kurzer Zeit und versuchte mehrere Male über Konstatinopel und Athen nach Paris zu gelangen.

Die vorliegende Ausgabe beginnt 1888, als er zum ersten Mal die Stadt seiner Träume erreicht hat. Die Herausgeber orientierten sich an den Memoiren Georges Manolescus (»Gescheitert«, Berlin 1905), der Text wurde vorsichtig bearbeitet. Obwohl schon die Vorlage zensiert war (offensichtlich wurden zahlreiche Liebesaffairen gestrichen, Namen verändert), halten die Herausgeber diesen Text für den authentischsten. Eine 1964 von J. J. Lynx herausgebrachte Ausgabe der »Memoiren« (unter dem Titel Manolesco (!) König der Diebe) entpuppte sich als ein Roman, der das Leben Manolescus nacherzählt, ja so stark interpretiert, daß er kaum an die »Memoiren« herankommt. Unberücksichtigt blieb für diesen Band, ob Georges Manolescu tatsächlich geisteskrank war, oder ob er den Wahnsinn vor Gericht und in der Irrenanstalt Herzberge nur gekonnt simuliert hatte.

1906 heiratete Manolescu Pauline Tollet, lebte von deren Rente und schrieb Artikel für eine Mailänder Zeitung. Am 8. 2. 1907 brachte Pauline den Sohn Claude zur Welt. Nach längerer Krankheit starb Georges Manolescu im Jahr 1911. K. R.

Thomas Mann

Die Romane

Buddenbrooks
Verfall einer
Familie
Band 661

Königliche Hoheit
Band 2

**Bekenntnisse
des Hochstaplers
Felix Krull**
Der Memoiren
erster Teil
Band 639

Der Zauberberg
Band 800

**Joseph und
seine Brüder**
3 Bände: 1183, 1184, 1185

Lotte in Weimar
Band 300

Doktor Faustus
Das Leben des deutschen
Tonsetzers Adrian Leverkühn
erzählt von einem Freunde
Band 1230

**Die Entstehung des
Doktor Faustus**
Band 5779

Der Erwählte
Band 1532

Die Erzählungsbände

Der Tod in Venedig
und andere Erzählungen
Band 54

Herr und Hund
Ein Idyll
Band 85

Wälsungenblut
Mit den Illustrationen
von Th. Th. Heine
Band 5778

**Tonio Kröger / Mario
und der Zauberer**
Band 1381

Der Wille zum Glück
und andere Erzählungen
Band 9104

Schwere Stunde
und andere Erzählungen
Band 9105

Unordnung und frühes Leid
und andere Erzählungen
Band 9106

Die Betrogene
und andere Erzählungen
Band 9107

Fischer Taschenbuch Verlag

Fischer Bibliothek

Ilse Aichinger
Die größere Hoffnung
Roman

Rose Ausländer
Mein Atem heißt jetzt
Gedichte

Herman Bang
Sommerfreuden
Roman

Albert Camus
Der Fremde
Erzählung

Joseph Conrad
Herz der Finsternis
Erzählung
Freya von den Sieben Inseln
Eine Geschichte von seichten Gewässern

Tibor Déry
Niki
oder Die Geschichte eines Hundes

William Faulkner
New Orleans
Skizzen und Erzählungen
Der Strom
Roman

Otto Flake
Die erotische Freiheit
Essay

Jean Giono
Ernte
Roman

Albrecht Goes
Das Brandopfer
Das Löffelchen
Zwei Erzählungen

William Golding
Herr der Fliegen
Roman

Nadine Gordimer
Gutes Klima, nette Nachbarn
Erzählungen

Manfred Hausmann
Ontje Arps

Ernest Hemingway
Schnee auf dem Kilimandscharo
Das kurze glückliche Leben des Francis Macomber
Zwei Stories

Alice Herdan-Zuckmayer
Die Farm in den grünen Bergen
Das Kästchen
Die Geheimnisse einer Kindheit
Das Scheusal
Die Geschichte einer sonderbaren Erbschaft

Hugo von Hofmannsthal
Reitergeschichte
und andere Erzählungen

Franz Kafka
Die Aeroplane in Brescia
und andere Texte

S. Fischer Verlag

fi 188 / 9a

Fischer Bibliothek

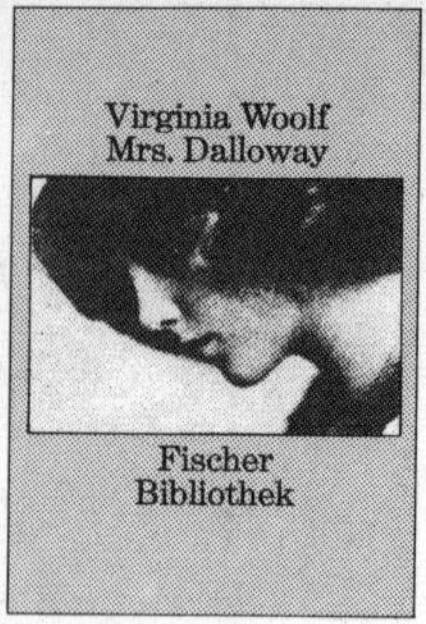

Arthur Schnitzler
Leutnant Gustl
Fräulein Else
Reigen
Zehn Dialoge
Traumnovellen

Inge Scholl
Die Weiße Rose

Abram Terz
(Andrej Sinjawskij)
Klein Zores

Leo N. Tolstoi
Der Tod des Iwan Iljitsch
Erzählung

Jakob Wassermann
Der Aufruhr um den Junker Ernst
Erzählung

Franz Werfel
Eine blaßblaue Frauenschrift

Thornton Wilder
Die Brücke von San Luis Rey
Roman
Die Frau aus Andros
Roman
Die Iden des März
Roman

Tennessee Williams
Mrs. Stone und ihr römischer Frühling

Virginia Woolf
Die Fahrt zum Leuchtturm
Roman
Flush
Die Geschichte eines berühmten Hundes
Mrs. Dalloway
Roman

Carl Zuckmayer
Die Fastnachtsbeichte
Eine Erzählung
Eine Liebesgeschichte

Stefan Zweig
Brief einer Unbekannten
Die Hochzeit von Lyon
Der Amokläufer
Drei Erzählungen
Erstes Erlebnis
Vier Geschichten aus Kinderland
Legenden
Schachnovelle
Vierundzwanzig Stunden aus dem Leben einer Frau
Novelle

S. Fischer Verlag

fi 188 / 8c

Literarische Anthologien

»In tausend Formen magst du dich verstecken«
Erotische Briefe der Weltliteratur
Herausgegeben von Annalisa Viviani
Band 5731

Die lebendige Puppe
Erzählungen aus der Zeit der Romantik
Herausgegeben von Rudolf Drux
Band 5728

E.T.A. Hoffmann
Gespenster in der Friedrichstadt
Berlinische Geschichten
Herausgegeben und mit einem Nachwort
von Günter de Bruyn
Märkischer Dichtergarten. Band 5116

Das Buch der Drachen
Herausgegeben von Gerhard Köpf
Band 8223

»Ein Schriftsteller schreibt ein Buch über einen Schriftsteller, der zwei Bücher über zwei Schriftsteller schreibt ...«
Dichter über Dichter und Dichtung
Herausgegeben von Gerhard Köpf
Band 5838

Wilkie Collins

»Es gibt keinen zeitgenössischen Romancier, der nicht etwas von Collins lernen könnte: die Kunst, den Leser zu interessieren.«
[T.S.Eliot]

Der rote Schal
Roman. Band 1993

Ein verhängnisvoller Name und eine schöne Unbekannte mit dem roten Schal bringen schicksalhafte Verstrickungen und tödliche Gefahr in die spannende Handlung dieses klassischen Kriminalromans, der bereits 1866, bei seinem Erscheinen, die Leser im viktorianischen England in Atem hielt.

Lucilla
Roman. Band 8135

»Einer der besten und einer der erfreulichsten und psychologisch interessantesten Romane von Collins. Hier werden wir endlich einmal mit Kriminal- und Gespenstergeschichten verschont und erhalten dafür eine höchst fesselnde Erzählung voll psychologischen wie pathologischen Interesses.«
(Interpretation von 1885)

Mad Monktons Geist
Roman. Band 8185

Alfred Monkton, der letzte Sproß einer alten englischen Familie, lebt zurückgezogen auf Wincot Abbey. Ein auf der Familie lastender Fluch und grauenhafte Geschichten, die allerdings längst der Vergangenheit angehören, haben ihn zum »outlaw« werden lassen.

Fischer Taschenbuch Verlag

fi 396/2

Kriminalromane

Eine Auswahl

Simon Brett

Dunkelmänner haben keine Schatten
Band 8183

Mord stand nicht im Textbuch
Band 8169

Spekulanten spaßen nicht
Ein Fall für Charles Paris
Band 8158

Alain Demouzon

Monsieur Abel und der Fall Raguenaud
Band 8188

Mouche
Band 8170

Maureen Duffy
Die Lady ist fürs Feuer
Band 2616

Stanley Ellin
Das Kartenhaus
Band 8114

James Grady

Der Schatten des Condor
Band 2608

Die 6 Tage des Condor
Band 8116

Winston Graham

Debbie
Band 2612

Die Frau im Spiegel
Band 2602

Søren Jakobsen
Die Mamortaube
Band 8152

Roderich Klett
Der Tod kam live
Band 8174

Henry Kolarz
Kalahari
Band 2604

Seicho Matsumoto
Mord am Amagi-Paß
Band 8186

Ulf Miehe
Lilli Berlin
Band 8065

Mirjam Pressler
Mit 64 stirbt man nicht
Band 8134

Claire Rayner

Das Haus im Fenn
Band 8117

Mord im OP
Band 8118

Lawrence Taylor
Letzte Reise einer Lady
Band 8087

Fischer Taschenbuch Verlag

fi 503/1